だいわ文庫

「色彩と心理」のおもしろ雑学

ポーポー・ポロダクション

大和書房

はじめに

本書は色彩心理学の話を中心に、色に関するおもしろい雑学をまとめたものである。色彩心理学とは、色を通して科学的に人の心の動きを追求し、心の問題を解決するのに役立てられている、心理学のひとつの分野である。

色は人の心を動かす不思議な力を持っている。色の心理効果を知れば、色に惑わされることが減り、色に囲まれたもっと豊かな生き方ができる。

たとえば、結婚式場で赤い絨毯《じゅうたん》を使うのはどうしてなのかご存じだろうか？

「おめでたい場所だから赤を使うのでは？」

そう答える人がいるかもしれない。しかし、それだけでは不十分な答えである。実は、赤い絨毯を使うの

にはもっと大きな目的がある。

そもそもおめでたい場所で「赤」を使うのはなぜだろう？

他にも、食事で使うお皿が白い理由。段ボールが薄い茶色をしている理由。口紅が赤い理由。それらにはちゃんと理由が存在する。そして、人の心に効果的な影響を与えている。

本書ではそういった普段あまり気にしていない、色を決めた理由や、色が人の心にどう影響を与えるのかをまとめている。


また本書では、ロシアから来日し、色彩の研究をしているニジンスキー博士がナビゲーターをつとめてくれる。彼は色彩に関するあらゆるものに精通している。そして、彼には「ピロシキ」という優秀なクマの助手がいる。イロクマという種類のクマで、博士のところで色の勉強をしているそうだ。

イロクマは、子どもの頃は真っ白い色をしているが、大人になるときに自分で好きな色になることができる。動物学的にみ

ても珍しい変態をする。自分がどんな色になるかを考えているという。

それではピロシキと一緒に色の勉強をしながら、色のおもしろい効果や由来を楽しんでもらいたい。

登場人(?)物紹介

イロクマのピロシキ

シロクマ（ホッキョクグマ）の亜種と言われているが、詳しい生態はわかっていない。

子どもは白い体毛に覆われているが、大人になるときに自分で体毛の色を変えられる。知能が高く、他の動物の言語も話せる。

大人に近づいた個体は自分の色を探しに旅にでると言われている。寒がりなのでマフラーをしている。

ニジンスキー博士

ロシアから色彩の研究のために日本にやってきた色彩心理学者。

美しい色彩であふれている日本に魅了され、文化が紡ぐ多様な色名に感動し、日本で色の研究を続けている。緑の髪の毛とオレンジの白衣という節操のないスタイルには、何か秘密があるらしい……。

「色彩と心理」のおもしろ雑学・目次

第2章
色の心理効果

第3章 色と文化

第4章 色の由来

第5章 眼・脳・光の機能

序章

不思議な色彩のチカラ

では最初に、おもしろい色彩の由来や不思議な心理効果などを少しだけ紹介しよう。色のおもしろい心理効果をまずは知ってほしい。

日本のポストはなぜ赤いのか？

私たちが手紙を投函する郵便ポストは赤い色をしている。これはどうしてだろうか？

実は郵便ポストの色は、世界各国で違う。アメリカは「青」、イギリスは「赤」、フランスやドイツなどヨーロッパでは「黄色」が主流、そして中国では「深緑」の色をしている。

日本のポストが赤くなったのにも理由がある。日本で郵便制度が始まったのは明治4年。当時のポストは木製の箱だった。翌年、郵便局の普及とともにたくさんのポストが必要になってくると、木を黒く塗った細長いポストが登場した。

便？これはトイレなのか？
それともポストなのか??
う〜ん
郵便箱

ところがこのポストはとても不評で、黒い「郵便箱」の「便」という文字を見て、トイレと思う人がいたり、「黒なので夜になると見えなくなる」と苦情が相次いだ。そこで明治34年に、黒い郵便箱をやめ、目立つようにと赤い円柱型のポストが誕生したのである。

日本はイギリスから郵便制度を導入したため、このときポストの色もイギリスのものを参考にしたと言われている。「赤」は目立つ色でもあるので、ポストの場所を示すのに都合がよかったわけだ。

赤なら目に飛びこんでくる！
遠くにあってもわかる!!

しかし、目立つがゆえに景観を損なうとして場所によっては「グレイ」や「茶色」のレアなポストも存在する。抹茶の名産である愛知県西尾市には、「おもてなし・まごころポスト」という鮮やかな抹茶色のポストもある。

戦隊ヒーローのリーダーは、どうして「赤」なの？

日本の特撮番組でなくてはならない戦隊シリーズ。色分けされたヒーローたちが、世界の平和を守るために悪の組織と毎週戦っている。1975年に『秘密戦隊ゴレンジャー』が放送されてから現在まで、子どもたちの心をつかみ、なくてはならない存在だ。

このヒーローたちは5人で一組が基本で、シリーズによっては3人だったり、後から追加メンバーが入って7人になったりする。ところがおもしろいことに、シリーズを通してリーダーの色は「赤」なのである。視聴者の多様化が著しい現在でも、「赤」のヒーローがリーダーであり続けるのはどうし

てだろうか？

戦隊ヒーローにおける「赤」は、色彩心理でいう「赤」の「行動力があり正義感も人一倍強い」というイメージと重なる設定が多いのである。

なぜリーダーに「赤」が選ばれたかというと、『秘密戦隊ゴレンジャー』の企画段階で、制作者側が子どもたちに好きな色をアンケート調査したことにある。アンケートの結果、「赤」が一番人気であったのだ。

そして「赤」は、リーダーの色になり、子どもたちは「赤」が好きになるという好循環が生まれた。その結果、「赤」がリーダーのカラーとして定着してしまったのだ。

また戦隊ヒーローの色として、「赤」以外にも忘れてはいけない色がある。実は「青」も、毎回必ず採用されている色である。「クール、頭脳明晰、力持ち」など性格の設定は毎回異なるが、「赤」を補完する「青」は、戦隊ヒーローになくてはならない存在なのである。

青い車は事故に遭いやすい？

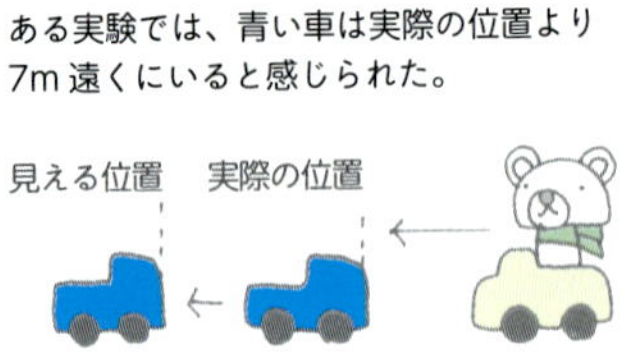

ある実験では、青い車は実際の位置より
7m 遠くにいると感じられた。

色は私たちの安全にも影響を与えている。1983年にアメリカで車の色と事故率に関する調査がおこなわれた。それによると事故を一番起こした車の色は「青」で事故全体の25％。続いて「緑」が20％、「灰色」が17％と続いた。青い車を保有している人は全体の5％しかいないのに、青い車の事故率はかなり高いことがわかった。

またニュージーランドの大学でおこなった別の調査では、茶色の車、黒い車、緑の車の事故率が高かった。さらに日本でおこなわれた調査では黒の車、グレイの車の事故が多いというデータもある。

車の事故には様々な複合要因があり、色との因果関係を突き止めるのは難しい。事故を起こしたのか、起こされたのかの差も大きいし、どのような状況だったのか詳しく分類する必要もある。しかしながら、青や黒の車は、赤や黄色の車より事故に遭いやすい要因があるのは間違いないようだ。それは色の性質に問題がある。「青」や「黒」は後退色であり、実際の位置よりも遠くに見えるという色なのである。「緑」も暗い色によっては、実際の位置よりも遠くに見える。

交差点でまだ遠くにいると思っても、実は見た感覚よりも近くにいて、そのため接触事故を起こす例も多いと推測される。

海外では色と車の視認性の関係はよく知られており、国によっては車のカタログに色と視認性の関係を明記しているものもある。私たちも色の性質を知って、青系、黒系、グレイ系の車を見かけたら特に気をつけて運転をしたい。

「だってクマは危険って言われるから…」

紅白歌合戦は、なぜ「紅」と「白」で戦うの？

「大晦日におこなわれる紅白歌合戦。「合戦」というイメージとはかけ離れた戦いであるが、昭和23年から今日までずっと続いていて、紅白歌合戦を見ないと一年が終わらないという人も多い。

紅白歌合戦は紅組と白組に分かれて勝敗を競うが、なんで紅組と白組に分かれて戦うのだろう？　男性組と女性組ではいけないのだろうか？　男女で分かれているなら、青組と赤組のほうがわかりやすい気もする。

この設定は、紅白歌合戦だけではない。日本では運動会でも紅（赤）組と白組に分かれて戦う。この歴史をさかのぼっていくと、平安時代末期

「青組とか緑組ではいけないの？」

1180年から6年にわたる平氏政権に対する源氏の反乱（治承・寿永の乱）、いわゆる源平合戦にあると言われている。

平氏は赤旗を掲げ、源氏は白旗を掲げて戦場を駆け抜けた。その戦い以来、800年以上経った現代でも、チーム分けで戦うときには、「白」と「紅（赤）」に分かれて戦うことになったのである。記録では江戸時代以前には「白」と「紅」で分かれる競技が存在したと言われている。

「ふ〜ん。源氏と平氏の色なんだ」

どうして源氏が「白」、平氏が「紅」を選んだかというのは諸説があるが、双方の先祖が使っていた旗の色ではないかとの説がある。

ちなみに源平合戦は白旗の源氏が勝利したが、紅白歌合戦でも通算成績では白組が勝っているというのがおもしろい。

注意！ 初デートに着てはいけない色

色は人の心に影響を与えて、感覚や印象を狂わせることがある。たとえば、あなたが女性ならば、初デートに着ていく洋服は注意したほうがよいだろう。初めてのデートでは清楚《せいそ》に見られたいという理由から、白い服を着ていく人がいる。ところが白い服は初デートにはとても危険な色でもあるのだ。

「白」は確かに清楚さや上品なイメージを与える色である。着こなしによっては洗練された知的な印象も与えることができる。ところが、相手の前で緊張して思うように喋《しゃべ》れなかったらどうだろう?

「白」は相手に冷たい印象を与えてしまうことがある。初デートは緊張しているから、余計に話せないだろう。そんなときは、「白」の良質なイメージを相手に与える前に、悪い印象がでてしまう危険性がある。

色は組み合わせや使い方によって、印象が大きく変わるため一概には言えないが、「白」はとてもリスキーな色なのである。

「白」を使うなら、数回目のデートで使うのが好ましい。1、2回目は明るい色彩、パステルなどのやさしい色彩で自分らしさを印象づけ、3回目のデートで白い服を着て、意外な清楚さをアピールするのである。男性はその落差に弱いことが多い。

また同様に、「紺」の服も初デートには避けたほうが無難である。「紺」も着方によっては清楚に、そして知的に見える色である。ところが「白」と同様に冷たい印象を与えてしまう可能性があるのだ。

1回目のデート。緊張して話ができないと白い服は冷たい印象を与えてしまうかも…

3回目のデート。1回目、2回目の服とは対照的に白で清楚さをアピールすれば…

「紫外線」、紫の外ってどこの線？

私たちが普段何気なく使っている言葉の中にも、色にまつわるおもしろいものがある。そのひとつが「紫外線」である。「紫の外にある線」と書くが、この紫の外にある線とは何だろう？　そもそもこの「紫」とは何者なのか？

光は電磁波と呼ばれるエネルギーの一種である。電磁波はその波長の違いから性質が異なっている。私たちは、電磁波の中で380～780nmの波長のものを色として感じることができ、これを「可視光線」と呼んでいる。

可視光線は波長の短い「紫」から始まり、「青」「緑」「黄色」「オレンジ」「赤」で終わっている。つまり、私たちは「紫」から「赤」の範囲のものを見ているといえる。「紫外線」とは、この「紫」よりも波長の短いもの。私たちに

10nm
380nm
780nm
1000nm
紫外線
可視光線
赤外線

電磁波の中で 380nm ～ 780nm のものを
可視光線と呼んでいる。

紫の「外」にあるから、
安心なイメージがあるけど、
紫外線は放っておくと
結構コワイ…

は見えない電磁波なのである。この「紫外線」よりももっと波長の短いものには、X線などがある。

「紫外線」のいう「紫」とは、可視光線の最短波長である「紫」を指し、外とは「可視光線（可視範囲）」の外といえる。また、紫外線は「UV」といわれるが、これは英語の「ultraviolet」の略であり、「紫を超えた」という意味である。

「紫外線」といえばもうひとつ似たものに「赤外線」がある。そう、「赤外線」とは「可視光線」の最長波長にある「赤」の外にある電磁波なのである。

第1章

色の基本

色にまつわるおもしろい雑学をさらに楽しめるように、「これだけは知っておきたい」色の基本を解説する。色名の紹介や表記方法、おもしろい色名なども紹介しよう。

色の三属性（色相）

最初に色の基本を説明しよう。

私たちは「青」「緑」など色名を使って色を表現しているが、色には色相（色み）、明度（色の明るさ）、彩度（色の鮮やかさ）という3つの基本要素がある。

これを三属性といい、この三属性の性質を理解すると色はわかりやすくなる。

「色相」

「赤」「オレンジ」「黄色」といった色合いの違いのこと。似た色を並べていくと環状になることから「色相環」と呼ばれている。

色相（Hue）

色相とは、「青」「赤」「緑」のように有彩色を特徴づけしている「色み」のことをいう。「赤」「オレンジ」「黄色」「黄緑」「緑」「青」というように似た色を並べていくと、最終的に環状になる。これを「色相環」と呼んでいる。

ちなみに、「白」「グレイ」「黒」といった色は無彩色と呼ばれ、色相と彩度はなく、明度のみで構成されている。

色の三属性（明度・彩度）

明度（Brightness・Lightness・Value）

明度とは、色の明るさを示している。明度が高くなると色が明るくなり、白っぽくなっていく。たとえば、「赤」の明度を上げていったものが「ピンク」。「青」の明度を上げていったものが「水色」である。

明度を下げていくと色の明るさがなくなり「黒」になってしまう。

「明度」

色の明るさ。明度を上げていくと「白」になり、明度を下げていくと「黒」になる。下の「赤」と「ピンク」は色相は同じだが、明度が異なっている。

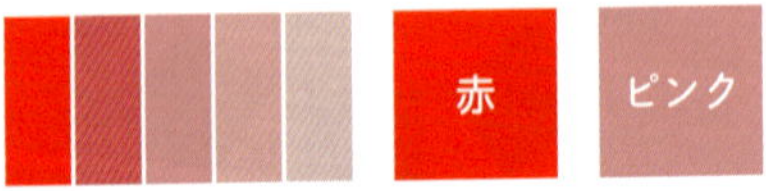

彩度（Saturation・Chroma）

彩度とは、色の鮮やかさを示している。

たとえば「赤」の彩度を下げていくと、くすんで濁っていき、「マルーン（栗色）」になっていく。

彩度を上げて一番鮮やかな状態の色を「純色」と呼んでいる。色相環で表現されるのは各色の純色である。

「彩度」

色の鮮やかさ。彩度を上げていくとその色の純度が上がり、彩度を下げていくとくすんでいく。下の「赤」と「マルーン（栗色）」は色相は同じだが、彩度が異なっている。

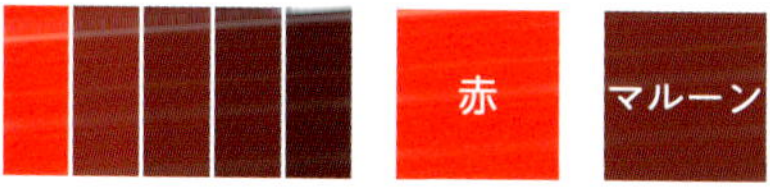

色名紹介 赤

「赤」は多くの人に好まれる色であり、人間にとってとても重要な色である。比較的、「赤」をつくる染料は簡単に手に入ったので人類が最初に使った色ではないかとも言われている。
「赤」が人に与える影響力はとても強く、化粧、魔除け、病気の治療など様々な目的で使われてきたと言われている。

「赤」から連想されるイメージ

視覚のイメージ例

- 太陽
- 炎
- 血
- 結婚式
- 口紅

言語のイメージ例

- 激しい
- 情熱的な
- 行動的な
- 革命的な
- 興奮する
- 攻撃的な

赤系の代表的な色名

「カーマイン」

洋紅色と呼ばれることもある。絵の具の顔料にもなっていて、「赤」の中心色に近く、一般的な「赤」として使われることが多い。


「スカーレット」

カーマインよりもやや黄色みがかった「赤」。色名としては古くから使われている。「赤」の代表色のひとつ。

色名紹介　オレンジ

「赤」と「黄色」の中間に位置する色。和名で「橙《だいだい》」とも言われるが、これは果物の「だいだい」から名付けられた色で、オレンジとは異なる果実である。色も厳密には異なるが、同一色として使われるのが一般的である。陽気な色でカジュアルなイメージも強く、親しみやすい色なので様々な用途に使われる。

「オレンジ」から連想されるイメージ

視覚のイメージ例

- オレンジ
- みかん
- 夕日
- にんじん
- ハロウィン

言語のイメージ例

- 元気な
- にぎやかな
- 楽しい
- カジュアルな
- おいしい
- 親しみある

オレンジ系の代表的な色

「バーミリオン」

やや黄を帯びた赤色。「朱色」とも言われ、神社などの建造物に使われる色。「ジャパンレッド」とも呼ばれる。


「パーシモンオレンジ」

熟した柿皮の色。パーシモンとは柿のこと。「柿色」として日本では室町時代から使われていた。

色名紹介 黄色

「黄色」は「幸福な」「愉快な」といった良質なイメージを持つ反面、「危険」「不安」といった負のイメージを持つ色でもある。世界を見てもインドや昔の中国、マレーシアなどでは高貴な色とされるが、キリスト教圏では嫌われる色でもある。

視認性の高い色であり、「黒」と組み合わせて注意を換気するマークにも使われる。

「黄色」から連想されるイメージ

視覚のイメージ例

・バナナ
・レモン
・光
・菜の花
・金

言語のイメージ例

・幸福な
・愉快な
・ユーモアのある
・新しい
・危険な

黄色系の代表的な色名

「サンフラワー」
中央アメリカ原産であるヒマワリの色。鮮やかな赤みのある黄色。ヒマワリの絵で有名なゴッホ没後に、サンフラワーという色名で使われるようになった。

「レモンイエロー」
レモンの皮の色からとった色名。鮮やかで発色のよい黄色のことをいうこともあるが、一般的には緑がかった黄色であることが多い。

色名紹介　緑

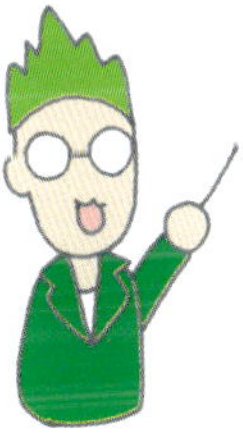

「緑」は自然や平和を象徴する色であり、近年使用頻度が増えたこともあり、「青」「赤」と同様に多くの人に好まれる色である。体と心を癒してくれる効果があり、ストレスを軽減してくれる。
宗教的にも良質なイメージが多く、世界中で神聖な色として扱われることが多い。

「緑」から連想されるイメージ

視覚のイメージ例

- 自然
- 森林
- 野菜
- エメラルド
- 竹

言語のイメージ例

- 安全な
- 自然な
- 平和な
- 癒される
- エコ

クマとしては
エコなグリーンも

緑系の代表的な色名

「モスグリーン」

灰色を帯びた緑色。日本には2000種類以上あると言われているコケ類、センタイ類の色。ファッションでも人気の色である。


「若草色」

春先に芽吹く草の冴えた緑色。やや「黄緑」によっているものから、「黄緑」にかなり近いものまでを指す場合がある。

色名紹介 青

「青」は多くの人に好まれる色であり、よいイメージを与える色である。キリスト教ではマリアを象徴する色でもあり、希望の色でもある。落ち込むと「ブルーになる」という表現があるように、「哀しみ」や「未熟」といった負のイメージを受ける色でもある。

「青」から連想されるイメージ

視覚のイメージ例

- 海
- 水
- 空
- 宝石
- 魚

言語のイメージ例

- 誠実な
- 冷静な
- 希望がある
- 信頼ある
- 憂鬱な

青系の代表的な色名

「ウルトラマリン」

宝石のラピスラズリの色。海を越えてヨーロッパに伝わったことで、「ウルトラマリン」と呼ばれている。貴重な色で聖母マリアの服の色にも使われている。

「セルリアンブルー」

ラテン語の「空」が語源。硫酸コバルトをもとに作られたやや緑みのある青。絵の具の色としても有名。

色名紹介　紫

行動的な「赤」と冷静な「青」を混ぜて作る「紫」は、とても複雑な色である。使い方によっては上品にもなるし、下品な感じにもなってしまう。自然にあるものから抽出するのが困難な色であるため世界中で貴重な色彩として扱われてきた歴史がある。

「紫」から連想されるイメージ

視覚のイメージ例

・アメジスト
・ナス
・アヤメ
・紫芋

言語のイメージ例

・高貴な
・神秘的な
・妖艶な
・上品な
・下品な

紫系の代表的な色名

「ラベンダー」

浅い青みがかった紫。ラベンダーの花の色。江戸時代に日本に持ち込まれ、明治時代には色名として使われていた。

「ライラック」

春の花、ライラックの花の色。明るくやや浅い紫。ラベンダーとよく比較されるが、ラベンダーよりも赤みのある紫である。

混色法(CMYとRGB)

色は混ぜ合わせることで別の色を作ることができる。基本は3つの色をかけ合わせて作る。

CMY(減法混色)

色を加えると暗くなる混色法。シアン(C)、マゼンタ(M)、イエロー(Y)の頭文字をとって、CMYと表記される。カラープリンタや印刷の色を作る原理である。

「CMY(減法混色)」

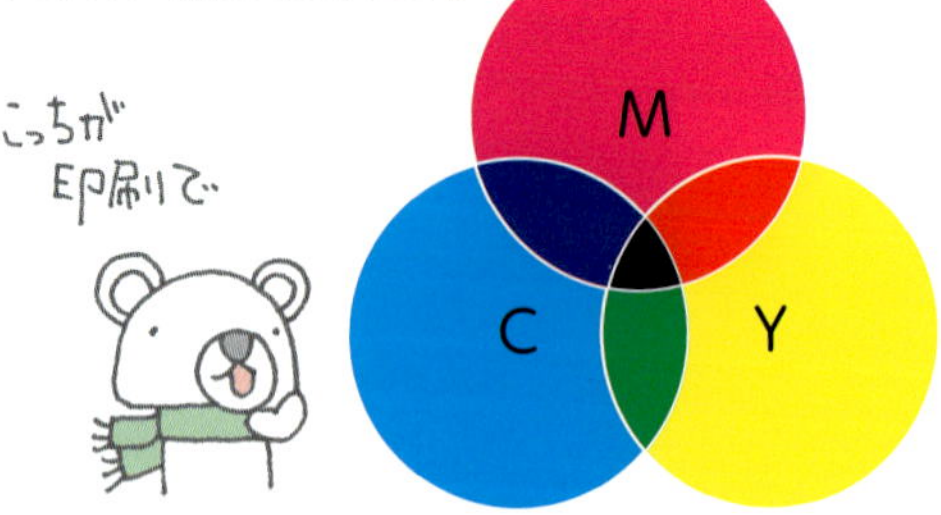

実際には黒（K）を加えたCMYKが使われることが多い。

RGB（加法混色）

色を加えると明るくなる混色法。レッド（R）、グリーン（G）、ブルー（B）の頭文字をとって、RGBと表記される。パソコンのモニターやテレビの色を作る原理である。

「RGB（加法混色）」

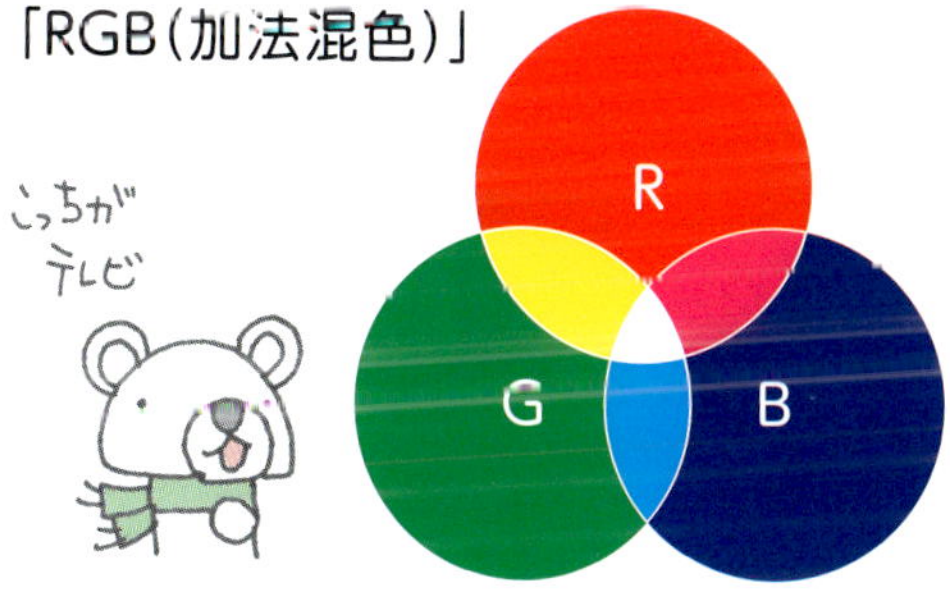

色の表記方法（マンセル値）

色を人に伝えるのは難しい。たとえば「赤」を想像してほしい。「赤」を口頭で伝えるにはどうしたらよいだろう？「赤」にも色々な種類があり、口頭だけで再現するのは極めて困難である。そこで色を体系的に表現するものが必要になってくる。

しかし、色の表記方法はたくさんあり、そのすべてを覚えるのは難しい。ここでは世界的に使われている「マンセル色彩体系」を中心に、簡単に色の表記方法を

「マンセル色彩体系」

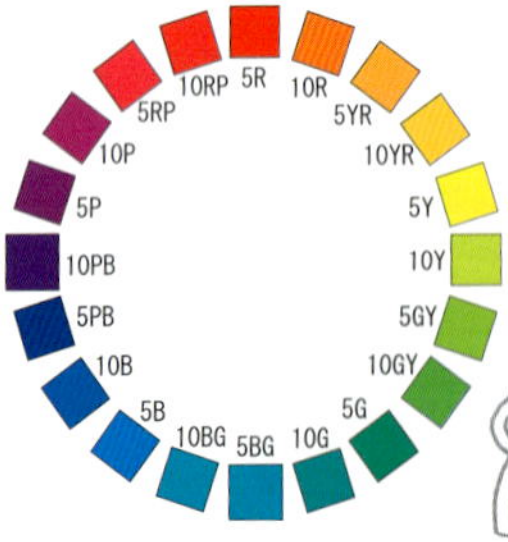

数字とアルファベットを使って「色相 明度／彩度」で表記する。

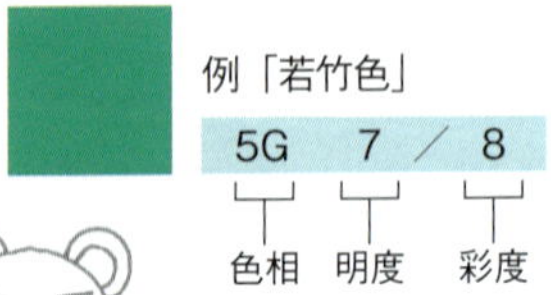

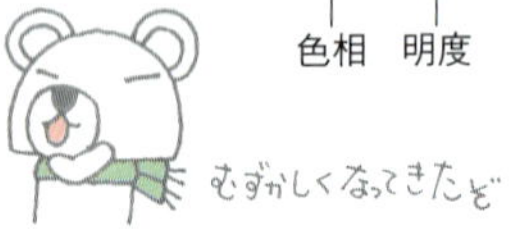

解説する。

アメリカの美術講師であったマンセルによって創案されたマンセル値は、色の三属性を数値化し、3つの数字とアルファベットで表記する。

色相はR（赤）、Y（黄）など基本10色で、さらにひとつの色を1から10まで分割し、アルファベットと数字で表す。明度は明るさに応じて0〜10、彩度は0〜14（色によって最大値は異なる）で表現する。たとえば、緑系の色である「若竹色」は、マンセル値で表すと色相は緑の中心色である「5G」、明度はやや明るめの「7」、彩度は鮮やかで純色に近い「8」であり、「5G 7／8」と表記する。

「CMYK表記」

「若竹色」を別な色彩体系で表現することもできる。マンセル値は美術やデザイン分野でよく使われるが、商業用にはあまり使われない。印刷などの商業ベースでは混色法である「CMYK」をそのまま使うのが一般的である。

「若竹色」は、緑系なのでCとYで合成する。
ややCを多めにした比率でCを80%、Yを60%、
その他の色はなしで
「CMYK：80 0 60 0」と表記する。

おもしろい色名

洒落柿 しゃれがき

「柿色」よりも淡い色をしたオレンジ系の色。淡く浅いので、「オシャレ」というイメージもあるが、洒落柿の元の名前は「晒柿」。晒して赤みを抜いたという意味である。江戸ではこの色の服がブームになったこともあるらしい。

「お、おいしそう」

新橋色 しんばしいろ

「し、新橋の色…
なんでこの色?」

明治から大正時代、東京の新橋で、芸者がこの色の着物を愛用したことから名付けられた。化学染料で染めた鮮やかな「青緑」が当時の人には新鮮に映ったようで流行色になった。

利休鼠 りきゅうねずみ

千利休の名前をとった鈍いグリーンの色。利休が愛用していた色というわけではなく、控えめ目で地味な色彩から、利休の名前をかりて名付けられたという説がある。同じように「利休茶」とよばれる茶色もある。

「サビがわかる
ネズミのことかと
思った」

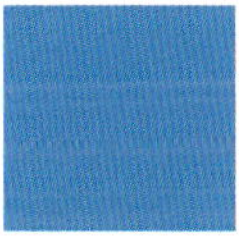

空色 そらいろ

「う〜ん、細かい…」

名称は普通だが、この色の定義がおもしろい。「夏の晴天の10時から15時までの間、水蒸気や埃の少ない大気の状態で、ニューヨークから50マイル以内の上空を、厚紙に1cmの穴をあけ、それを目から約30cm離してかざして、穴を通して見た色」

「おっ、イキだね！」

江戸紫 えどむらさき

東京の武蔵野で自生していたと言われているムラサキソウで染めた紫。やや青みのある紫だが、もっと赤かったという説もある。歌舞伎の助六がするハチマキの色でもある。「今紫」ともよばれている。

京紫 きょうむらさき

「ちょっと上品な紫かな？」

赤みの強い紫。「赤」が入ることで派手な印象がでてくる。江戸紫が「粋」を意識した青い紫なのと比較してもおもしろい。別名、御所や宮廷をいう「大内」をつけて、「大内紫」ともよばれている。「古代紫」とも。

サムライ《さむらい》

渋い色のオレンジ。英語の色名として「samurai」と海外の色名辞典に記録されている。日本の「侍」を指すことだとは推測されるが、色の由来は不明。藤色の「ゲイシャ」という色も存在する。

「きっと、
侍の心や性格を
表したんだよ」

秘色《ひそく》

「ボクにもだれか
献上して！」

「青磁色」の別名であり、緑みのある青白い色のこと。『源氏物語』にも登場する色である。唐の時代の中国、青磁は皇帝に献上する焼き物であったため、一般人にとって青磁色は、秘色となったのである。

第2章

色の心理効果

色は人の時間感覚や重量感覚、さらには味覚をも狂わせてしまう。人の心を動かすとても強力でおもしろい心理効果を紹介しよう。

大阪のタクシーはなぜ「黒」ばかりなのか？

タクシーの色は地域によってかなり異なる。たとえば、首都圏では「赤」「黄色」「緑」などカラフルな色のタクシーが走っているが、大阪のタクシーはほぼ「黒一色」である。

大阪のタクシーはなぜ「黒」ばかりなのか？

一説には1970年の大阪万博の頃から、黒のタクシーは高級感があると人気になり、増えていったという。日本では1960年代頃から「黒ブーム」があり、その影響も少なからずあったと考えられる。

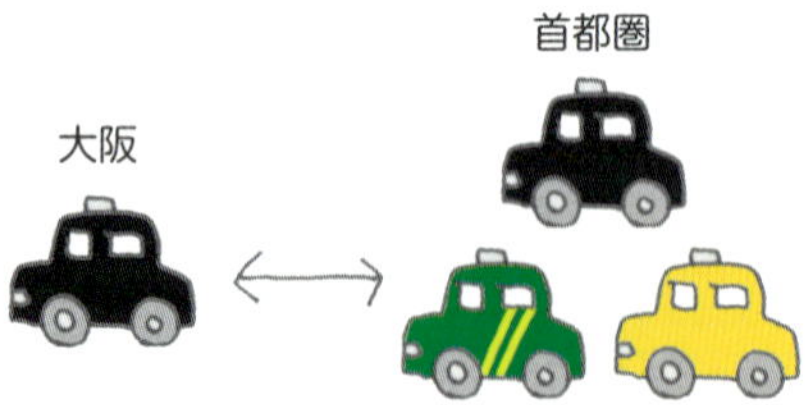

大阪でタクシーといえば「黒」、首都圏は様々な色のタクシーがある。

「黒」は高級感を感じる色であり、家電製品や嗜好品でも好まれている。特に金銭感覚がしっかりしている大阪の人々は、タクシーを贅沢《ぜいたく》品と考える傾向が強いようだ。一方、東京では移動手段と考え、タクシーに高級感を求めなかったのではないだろうか。ただし、最近は首都圏でも黒のタクシーが増加傾向にあり、利用者も「黒」を指名する人が増えてきたという。

最近は首都圏でも「黒」のタクシーを指名する人が増えたという。

また、大阪で黒のタクシーが普及した背景には、大阪人の合理主義も影響していると考えられる。

黒いタクシーは車体に貼ってある広告を取れば、ハイヤー（営業所を拠点に配車をするタクシー）として使うことができる。ハイヤーは一般的に「黒」であり、タクシーと共通で使えば合理的に使えるからである。

和室はなんで地味なの？

和室は色彩心理の視点から検証すると、極めて優れた機能を持っている。ベージュの壁、やさしい木の色、茶色の机、障子の白など見ているだけで落ち着く色彩である。

私たちは目で様々な色を見ているが、目だけではなく皮膚でも色を見ている。光によって筋肉は弛緩《しかん》したり、緊張したりする。和室の色にはこの皮膚の緊張度を和らげ、リラックスさせる効果があるのだ。

また、外光は障子を通してやわらかい光となり、畳や襖《ふすま》によって屈折し、室内を独特の趣にしてくれる。この反射率は約50％で、私たちの皮膚の反射率

「へぇ、和室って筋肉の緊張度を和らげる色なんだ」

ともほぼ同じであるため、よくなじむのだ。
襖、天井、柱の木調など、「ベージュ」にはリラックス効果だけでなく、他にもおもしろい効果があるとも言われている。

アメリカのペンシルベニア大学の研究では、「ベージュ」に身を包んでいた学生は自信があり成績も優秀だったという。また別の研究機関では、木の模様や色彩は子どもの感情や情緒を育《はぐく》むという研究結果もある。

一見、地味に思える和室の色彩は、地味だからこそとても優れた効果があるのだ。

「ベージュを着ると
成績優秀？本当かな??」

色で食欲をコントロールできる？

「食欲が…」

色には不思議なチカラがあり、人の感覚に大きな影響を与える。そんな色の効果を使えば、ダイエットを効果的におこなうことも可能だ。人の食欲は嗅覚や味覚だけでなく、視覚からも大きな影響を受けているのだ。

色彩心理では色と食欲の研究がおこなわれ、「青」「青紫」「紫」は食欲を減退させる色として知られている。「青」や「青紫」の食品は、痛んでいる、悪くなっている食べ物だと脳が判断し、食欲を抑制するようになるのだ。

では食品を「青」や「紫」にすればよいのだろうか？　食品を青色にするには限界がある。また、おいしくなさそうなものを作って食欲を抑制する方法は、体と心にストレスがかかるし、健全なダイエットとはいえない。

人の食欲は2種類存在するのを知っているだろうか？　食欲には、空腹からくる本物の食欲の他に、ニセモノの食欲というものがある。ニセモノの食欲とは、ストレスからくるヤケ食いや、空腹ではないのに「食べたい」と思ってしまう食欲である。

「青」や「青紫」には心を落ち着かせる効果がある。そこで、食事の前にこれらの色を見て、心を落ち着かせるのである。

リラックスするとニセモノの食欲がわかるようになる。そして、ゆっくり食事をすれば、過剰な食事を抑制することができるようになるのだ。

重量過多の人に限って早食いである。「食事の前のリラックス」がポイントである。

本物
の空腹
へぇー
ニセモノ
の空腹

「食欲には２種類あるのかぁ」

「ピンク」を見るとダイエットできる？

「青」や「青紫」の沈静効果でニセモノの食欲を除外すると同時に、ダイエットには大事な感覚がある。それは満足感（幸福感）である。

一般的にダイエットが失敗する原因として、食欲を無理矢理に抑制し、食べ物を渇望しながらダイエットを続けてしまうことが挙げられる。その結果、大きくなった欲望を抑えきれなくなり、その反動から食べ物を過剰摂取してリバウンドが生じてしまうのである。

ダイエットを成功させるには、この満足感が得られるかが鍵となるが、色をうまく使うと、満足感をより効果的に得られるようになる。

「ダイエットには
満足感が大事なんだ」

青で落ち着いて
ピンク
で満足感を
スゴーイ

「2つの色で効果的にダイエットができる」

満足感をコントロールするには、「ピンク」の力を使用するといい。中でも「淡いパステルピンク」が効果的である。「ピンク」には心を満たしてくれる働きがあり、食事が終わったときに「ピンク」の色を見ると、より満足感を得られるようになるのだ。

そして、「ピンク」にはもうひとつの効果がある。「ピンク」を見ながら食べると甘みを感じやすくなるのだ。デザートなどを食べるときにはより甘みを感じられるので、さらに強い満足感が得られやすいというメリットもある。

「青」「青紫」で心を落ち着かせてニセモノの食欲を取り除き、満腹の前に食事をやめて「ピンク」の色で満足感を得るのがポイントである。

洋食器は「白」、和食器に「黒」が多い理由

フレンチ料理やイタリアン料理などで使う食器は「白」が多い。これはどうしてだろうか？

「白」は料理が映える色であり、食材やソースの色が白いお皿を背景にすることで、とても美しく見える。言わば食器がキャンバスであって、料理が絵なのである。

「白いお皿は、なんにでも合うね」

一方、日本料理では黒い器がよく使われる。「黒」は他の色と組み合わさることで、相手の色を強調する働きがある。たとえば、黒い器に「黄色」や「赤」の食材を置くと、より鮮やかに、より明るく見える。日本料理は四季折々

の食材を色鮮やかに盛りつけて、その素材の美しさを楽しむ料理でもある。そこで、食材を色鮮やかに見せる黒い器は欠かせないものなのだ。

また「黒」には味覚を刺激して、味わいを深く感じさせる心理効果がある。白い器より黒い器で食べるほうが、味に奥行きを感じることがわかっている。素材本来の味を楽しむ日本料理にとって、微妙な味を深める黒い器はとても大事な演出道具なのである。

黒い器以外にも日本料理では多彩な色の器が使われている。朱塗り（赤）のお椀、織部（緑）の鉢、古伊万里（青）の皿など、色相では「黄色」「藍色」「茶色」「金」「銀」など、食材の美しさにあわせて器の色彩も楽しめる。

「黒いお皿は料理の色を強調するんだ」

暖色と寒色〜色の温度感覚〜

色の心理効果について、多くの人に知られているものに「色の温度感覚」がある。

色によって暖かみを感じる色と冷たさを感じるものがある。「赤」「オレンジ」「黄色」などは、暖かみを感じることから暖色と呼ばれ、「青」「青紫」などは寒色と呼ばれている。

また、「緑」や「紫」は寒色とすることもあれば、どちらにも属さない中間色ということもある。

実際、冷たく感じるか、感じないかは、その人の記憶やイメージ、その人

「色には暖色と寒色というグループがあるんだ」

が暮らしている文化によっても左右されるため、「緑は寒色として覚える」というようなことは、極めて意味のないことであり、色彩心理の本質が見えなくなってしまう。あくまでも個人差があるものとして理解したい。

たとえば、ヨーロッパでは15世紀頃まで、「青」は暖かいイメージのある暖色だった。文化が異なれば、色の感じ方も大きく変わってしまうのだ。

では、暖色と寒色はどの程度、体感温度に差があるのだろうか？

「どちらとも言える色もあるんだ。
だって、感じ方なんて人それぞれだもんね」

日本のある実験では、同じ室温でも寒色の部屋と暖色の部屋では平均3度も感じる温度が違ったという。また、海外のある食堂では壁を「青」にしていたところ、寒いと苦情が相次いだためエアコンの設定温度を3度上げた。それでも苦情が止まないので、壁を「オレンジ」に塗り替えてみると今度は、同じ温度設定では暑いとの苦情がでたという。

「進出色」に魅了される男たち

寒色をうまく使えば、部屋を広く見せることもできる。

暖色と寒色は温度感覚を狂わせるだけでなく、他にも様々な心理効果がある。たとえば、後退色。序章で「青」は後退色と説明したが、これは「青」だけでなく寒色全体にいえることである。寒色でも「黒」「紺」など低彩度の色はより後退して見える。逆に暖色は進出色であり、特に高彩度の色は実際の位置よりも飛び出して見える。

この後退色と進出色は様々な分野で活用されている。安売りのチラシに「赤」が多いのは、「赤」が目につきやすい色であることに加え、「赤」の進出色を活用して、見た人の目に飛び込むように考えられているのである。

逆に、寒色の後退効果をうまく使えば、部屋を広く見せることも可能である。数多くの機械を設置している工場などは、壁を寒色にして作業員に心理的な圧迫感を与えないようにしているのだ。

後退色と進出色の効果は意外なところでも使われている。男性にはあまり知られていないが、メイクはこの進出色と後退色の応用である。

顔のパーツにおいて、小さく見せたい部分には後退色が使われ、逆に大きく見せたいところでは進出色が使われる。たとえば目が腫《は》れぼったい人は、後退色のアイカラーで彫りの深い顔に見せられる。

暖色や寒色は、顔に立体感を出すのにも活用されている。たとえば、唇などはハイライトカラーのラインでふっくら見える。魅力的に見える女性の唇は、進出色の影響もあるだろう。男は知らないうちに色彩心理のマジックに魅せられているのである。

「博士！こんな感じですか…」
「こ、こわいよ…」

看板に「赤」が多い理由

赤い色は多くの色の中で
一番、目がいく色である。

車で道路を走っていると目につく看板。レストラン、ファストフード、居酒屋、カラオケなど様々な業種がある。しかし、業種に関係なく看板には赤いものが多い。これはどうしてだろうか？

「赤」は誘目性の高い色であり、ついつい目がいってしまう。しかし、それだけでなく、赤い看板が目立つのは、前項で説明したように、「赤」が進出色である影響もある。赤い看板は実際の位置よりも前にあると感じるため、運転していると目に飛び込んでくるのだ。

国土交通省による観光に関する案内標識のガイドラインでも、現在地表示は重要なので進出色の「赤」を使うように指導している。

また、赤い看板には白抜きの文字が多用されているが、これはなぜだろうか？

複数の色を使った場合、他の色の影響を受けて効果がストレートにでにくくなることがある。そこで、白抜きの文字を使うと、「赤」の誘目性を引き出しながら、進出色の影響を強くだすことができるため、とても目につく看板になるのである。

赤の看板は飛び込んでくるので
近くにあるように見える。

戦国時代にも色彩戦略があった⁉

今からはるか昔の戦国時代、すでに色の心理効果を知り、活用していた武将がいた。それが知将として名高い武田信玄公である。風林火山の旗指物《はたさしもの》を使い、「甲斐の虎」とも呼ばれた人気武将である。

武田が率いる将の中には鎧《よろい》、武具、馬具を朱塗りにした「赤備え」の部隊がいた。部隊全体を「赤」で染め上げることで、敵味方の判別が容易につくことと、敵への威嚇の目的があったと考えられる。

「赤」は進出色と同時に膨張色であり、敵にしてみれば武田軍はすぐ近くに迫っているように見え、部隊数も多く感じる。さらに、「赤」は人の行動を

「武田の軍勢は200のはず。
おかしい、300はいる。退却だー」

「赤」の進出色と膨張色は、戦国時代の戦略にも活用された。

促進させ、気持ちを高揚させる効果もあるので、味方の士気高揚にも役立ったはずだ。

武田軍の中で「赤備え」として有名なのは、中核となって信玄を支えた飯富虎昌《おぶとらまさ》。そして飯富虎昌の弟であり、「武田の四名臣」として有名な山《やま》県《がた》昌景《まさかげ》である。その後、井伊直政や真田幸村（信繁）も「赤備え」を受け継いでいる。

当時、赤の色を出すには辰砂《しんしゃ》と呼ばれる希少な鉱物を使っており、精鋭部隊に限られていた。誰でも使える色というわけではなかったようだ。

また「赤備え」以外にも、「白」や「黄色」、「紺」で統一した軍勢があったという。「紺」の部隊は後退色を利用した隠密作戦や夜襲などで効果が期待できるのだ。

危険や注意を促す安全色

警戒標識は遠くからでも目立つように「黄色」と「黒」の配色。

色は瞬間的に目に飛び込んでくるものなので、危険や注意を促すツールに向いている。道路標識は交通事故を未然に防ぐために、瞬間的に判断できるようにと色と形で統一ルールが存在する。たとえば、「横風注意」「学校あり」「動物が飛び出すおそれあり」など警戒すべきことを示す警戒標識は、「黄色」の地に「黒」の模様で描かれている。「黄色」と「黒」の組み合わせは、遠方からもっとも見える視認性の高い色なのだ。

規制標識の中でも「一時停止」「進入禁止」などの

規制標識は「赤」の地に白い文字。
多くの色の中でも目立つ工夫がされてある。

規制・禁止の標識は「赤」の地に「白」、もしくは「青」の絵柄である。「赤」はいち早く目に飛び込む誘目性の高い色である。

そして、これらの標識の形にも注目してほしい。警戒標識は菱形。規制標識の「一時停止」「徐行」は逆三角形をしている。これらは自然界には存在しにくい形であり、色と形の両方から注目されるように作られているのだ。

標識以外にもＪＩＳ（日本工業規格）では、安全色としてマークの色に意味を持たせている。それによると、「赤」は「禁止・停止・防火」で緊急停止や消化器に使われている。「黄色」は「警告・注意」で爆発物注意などに使われている。「青」は「指示・誘導」で駐車場の位置などを示すサインに使われ、「緑」は「安全状態・進行」で非常口の色として使われているのである。

踏切はどうして「黄色」と「黒」なの？

「黄色」と「黒」の配色は、
遠くからでも見える組み合わせ。

鉄道の場所を知らせる踏切。最近は安全性からも立体交差になる傾向にあり、減少する方向にはあるが、この踏切にもおもしろい色の効果が隠されている。

踏切の遮断機は「黄色」と「黒」の縞《しま》模様で作られている。これはどうしてだろうか？

実はこの「黄色」と「黒」の組み合わせが、もっとも視認性が高い色の組み合わせと言われているのだ。視認性とは、遠くからの見えやすさをあらわしたものである。

「赤」はいち早く目に飛び込んでくる目立つ色だが、遠

「子ども用のレインコートは
曇天では浮き上がってよく見えます」

くから見えるという点では、「黄色」と「黒」の組み合わせのほうが勝《まさ》っている。踏切は危険を知らせるために遠くから見えなくては意味がない。そのため、「黄色」と「黒」の組み合わせになっているのである。

なぜ「黄色」と「黒」の組み合わせが遠くから見えるかというと、「黒」は後退色であり、「黄色」の進出色と組み合わさることで、色の前後差が大きくなるからである。

たとえば、子ども用のレインコートに黄色が多いのも視認性を考慮してのもの。レインコートを着る日は曇天であり、灰色の暗い背景の中で黄色のレインコートは浮き上がり、遠くからでもよく見えるのである。

スポーツ競技の色に「有利」「不利」はあるの？

「赤い服を着たら、
なんか燃えてきた」

「スポーツで勝利を目指す者は赤を着るべきだ」

２００５年、英科学誌『ネイチャー』で英国のダーラム大研究チームがこのような発表をした。この研究チームは、２００４年のアテネオリンピックの個人種目、ボクシング、テコンドー、レスリングで選手が着た「赤」と「青」のウエアの色と勝敗の関係を調査した。すると全試合の55％で赤いウエアの選手が勝っているという。さらに、２００４年のサッカー欧州選手権を調査したところ、「赤」のチームが得点率や勝率が高かったというのだ。

他にもスポーツ競技における「赤」有利というデータがある。これは「赤」の心理効果によって、より攻撃的になり、相手を威嚇して勝ちやすい状況を

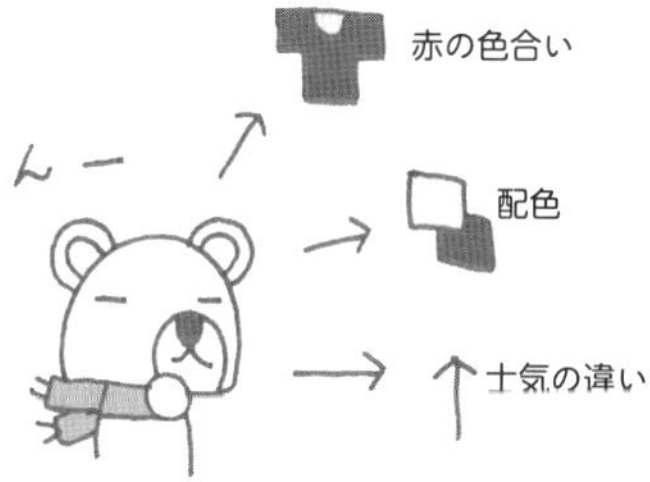

様々な複合効果があり
一概には「赤が有利」とは言えない。

作ることができるというものである。そのため、色彩心理の世界では、スポーツ競技において「赤は有利」とされている。

しかし、これは本当だろうか？

赤いウエアによってより攻撃的になるのは、着ている本人だけではない。赤いウエアを見ている相手もそうである。それに、勝率の55％というのも微妙な数字で、優位性があるとは言い切れない。

そこで私は、２００８年の北京オリンピックのときに、ボクシング、テコンドー、レスリングにおいて、本当に「赤」に優位性があるのかを調査してみたところ、全競技において特に顕著な優位性は見つからなかった。

「赤」には勝負に有利な心理効果があるとは考えられるが、着る効果、見る効果、色の配色効果など複合する要因が多いため、着るだけで「有利」「不利」にはなりにくいだろう。

柔道着が青い理由

柔道の国際大会で見かける青い柔道着（柔道衣）。1998年のワールドカップから青い柔道着が採用され、白い柔道着に対してもう一方の相手が青い柔道着を着ることとなった。

採用の背景には誤審の防止、判定の向上、また観客へのわかりやすさなどが挙げられる。導入後10年以上が経過するが、まだ違和感を持つ人も少なくないだろう。

それは白い柔道着の持つ清潔さ、高尚さ、潔白さのイメージから、そして白い柔道着は武士道の精神と重なる部分も多いからだと考えられる。

複数の柔道着をそろえる経済的負担もあり、日本としては導入時に反対の

日本人は高尚、潔白、清潔など「白」のイメージを好む。

「青は世界中でもっとも好まれる色でもある。柔道発展のためには青い柔道着もよいのかもしれない」

立場を示していたようだが、柔道の本質が変わらないことや柔道の国際発展を考えて、前向きに受け入れている柔道家もいる。

しかし、なぜ「青」なのか？

視覚的に「青」は「白」とのコントラストにより、鮮明になるからである。また、柔道のテレビ放送をしている欧州が、テレビ映りとしてよい組み合わせだと考えたからのようだ。

ちなみに柔道着の色と勝率は関係あるのだろうか？

英グラスゴー大など欧州の行動生物学の研究チームが、国際試合の決勝戦５０１試合を分析したところ、青い柔道着を着た選手の勝率は50・７％であったと発表し、ほとんど差がないと結論づけている。

好記録を生む色って何色？

青いユニフォームは推進力や集中力の増加に効果がある。

柔道だけでなく、他のスポーツでも色彩の心理効果は活用されている。団体競技では色の心理イメージを活用し、チームのモチベーション向上にも使われているのだ。

有名なところではサッカーのユニフォーム。現在Jリーグのユニフォームカラーで一番多い色は「青」である。澄んだ空や美しい海など、ホームタウンの魅力を投影しているものだが、心理的にも、選手の推進力や集中力を得るために役立っている。

逆に、デメリットとしては、「青」は後退色であるため、位置関係が狂わされてしまい、パスミスを生む危険性がある。

また「青」といえば、最近は陸上競技でも採用されている。２００９年のベルリン世界陸上で使用されたトラック（タータン）は「青」であった。今までトラックというと「赤茶色」が主流だったが、「青」にすることで選手は心理的なメリットが感じられるのだ。

「青」の鎮静効果で気持ちが落ち着き、呼吸、脈拍、まばたきの数が減少し、リラックスできて集中力が高まる。また、「青」は物理的にも心理的にも温度を下げるので、夏場の照り返しによる温度上昇を緩和すると言われている。

卓球台も昔は「緑」であったが、青い卓球台のほうが視線がぶれにくく、打ちやすいということで変更になった。

このように「青」は様々なスポーツに向いているとされている。世界陸上で生まれた短距離の世界記録も、「青」の影響力が少なからずあったかもしれない。

陸上競技で青いトラックは
記録向上に役立っている。

手術着はなぜ「白」ではないのか？

病院といえば「白」というイメージを持つ人が多いだろう。白衣の医師に看護師、そして白い壁に白いベッド。ところが、手術をする医師は、白衣を着ずに「緑」や「青」の手術着を着ている。手術室の床も「緑」や「青」である。これはどうしてだろうか？

昔は手術室も「白」で統一されていた。ところが、手術中に白い壁に黒いシミのようなものが見えて、医師は目が疲れてしまい手術がやりにくかったという。これは血液を長時間見ていると「赤」の残像が壁に見えてしまうからである。

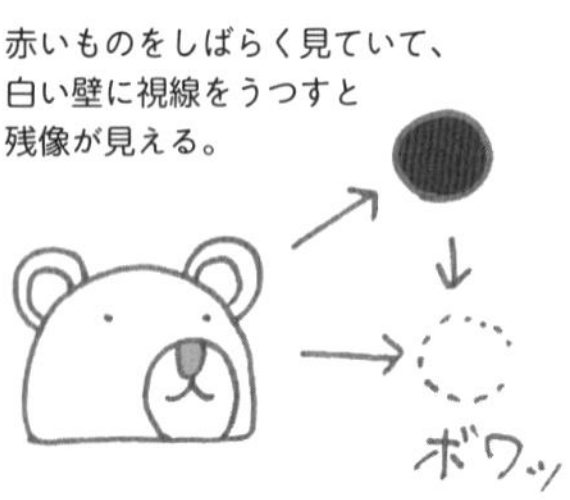
赤いものをしばらく見ていて、
白い壁に視線をうつすと
残像が見える。
ボワッ

そこで、「緑」の手術着、床、壁、リネンなどを採用することで、「赤」を際立たせて見やすくするとともに、「緑」の効果で目の負担を軽減させようとした。

ところが今度は、術野（手術をするところ）が見えにくくなってしまったのだ。濃い緑の床や緑の手術着を見ていると、反対色である赤い残像を生んでしまう。これは、赤いメガネをかけた状態で術野を見るような状態である。「赤」を見やすくしようとしたことで、結果的に見えにくくしてしまったのである。

最近の手術着は薄い緑か青い色が中心。医師にも患者にもやさしい。

そこで、現在では「緑」を淡くして、色相もやさしい「青緑」か「青系」になっていることが多い。不安の絶頂にある患者にとって、青緑の壁が本当によいのか？という視点から壁も「ベージュ」になっている病院もある。手術室も残像を生みにくく、目にもやさしい、そして患者にもやさしい色に変わってきているのである。

「白」を見ると緊張する病気

日常生活では高血圧ではないのに、医師や看護師を目の前にすると高血圧になる「白衣高血圧症」と呼ばれる病気がある。

本来、血圧を上昇させるのは赤系の色であり、「白」は血圧を上昇させる色ではない。白い服を着た相手には、清潔感やさわやかな印象を受けるのが普通である。

しかし、病院というシチュエーションで無表情な医師を前にすると、「白」の悪い部分である「冷たさ」や「怖さ」を感じるようになってしまう。白衣

白衣を見ると無意識に
悪いことを連想してしまう。

を着た人が現れると病気を連想したり、注射や検査などの未知の不安を感じてしまい、過度に緊張して血圧を上昇させてしまうのである。

フィンランドで45～74歳の１４４０人に対して、家庭での測定と看護師による測定で、どの程度血圧に差がでるのかを調べたところ、白衣高血圧症の症状がでた人は15・４％。イタリアの研究でも15％の人が白衣高血圧症の症状がでたという。

この病気は、普段は正常血圧であるため自覚症状はない。患者側だけの問題ではなく、医師や看護師にも患者が緊張しないような雰囲気を作ってあげることが求められるのだ。

「相手にあらぬ緊張を作らないように
ボクはオレンジの白衣を着ているんです」

ファストフード店で待ち合わせをしてはいけない!?

主要な駅前には必ずあって、手軽に利用できるファストフード店。席数も豊富にあることが多いため、待ち合わせに使う人も多いようだ。

しかし、色彩心理的にはファストフード店で待ち合わせをすることは好ましくない。それはファストフード店の内装によるところが大きい。

ファストフードの内装は、暖色系でまとまっていることが多い。明るくカジュアルにすることで、食事をする場所としての印象はよくなる。また、暖色にすることで、利用者の食欲を増進する働きがあり、売り上げの向上が期待できるからである。

ところが、暖色には時間の流れを遅く感じさせる効果がある。なかなか時間が進まないので、ついついイライラしてしまうのである。したがって、ファストフード店で人を待つのは適しているとは言えない。

もし、利便性からファストフード店を待ち合わせの場所に選んだのなら、（当たり前のことだが）絶対に遅刻しないで行くこと。相手は体感的に10分の遅れを15分、20分と感じているはずである。

結婚式場で赤い絨毯を使うのは、実はこの時間の流れを遅く感じさせる効果もあるからである。混雑している土日・祝日などは急いで赤い絨毯を歩いても、ゆっくり歩いた気分にしてくれるのだ。

暖色で包まれた部屋にいると…

10分が15分、20分に
感じられてしまう…

よいアイデアを生む会議室の色

私たちは様々な情報を視覚から取り込み、脳で判断している。視覚からの刺激は脳を活性化してくれる。そこで、何かアイデアを出さなくてはいけないときには、机の上で唸《うな》っているよりも、違う環境で刺激を受けるほうがよいアイデアを生み出しやすいのである。

企業にとってアイデアはビジネスの生命線。従業員がよりよいアイデアを生むようにバックアップしている企業も少なくない。最近、注目を浴びているのが色を工夫した会議室である。無機質の壁やテーブルの中で、ブレーンストーミングなどできるわけもない。

アイデアを生む目的ならば室内は寒色系でまとめるのがよい。オフホワイ

青い会議室は、
アイデアを出すのに
向いている。

トの壁にアクセントで冴えた青の椅子を設置するだけでも効果は大きい。「青」は集中力を高める色である。

企業によっては「緑」を多用した会議室を作っているところもある。本物の緑を入れてリラックスする空間を演出したり、和室の会議室を作った企業もある。畳や襖のやわらかい色がリラックスできる雰囲気を作り、アイデアを生み出しやすくしているのである。

もっとおもしろいのは、ＬＥＤ（発光ダイオード）を活用して実験的に、自分で好きな色に変えられる会議室を作った企業もある。常に色を変化させることができるので、脳の活性化も期待できる。

また、ニューヨークでは、黒地の高級ソファーにピンクの花柄の壁というゴージャスな貸し会議室が話題になっている。実に様々な色が組み合わさっているため、その効果は一概には言えないが、強烈な刺激を受けることは間違いなさそうだ。リピート客も多いらしい。

「和室の会議室サイコー Zzzzzzz…」

喧嘩が少なくなった刑務所の色とは？

色は犯罪の抑制や防止の働きをすることがある。アメリカのカルフォルニア州にあるサンタクララ刑務所では、受刑者たちの喧嘩や暴動などトラブルが絶えなかった。そこで、凶悪犯収容部屋の無機質な壁の色を、やさしい色の「ピンク」に変えたところ、なんと受刑者同士の喧嘩や暴動の発生率が低下したというのだ。

実は、やさしい色の「ピンク」には、人の心をやさしくおだやかにする心理効果がある。また、「ピンク」は自分の愛情に気づき、他人のことを大事にしたくなったり、世話をやきたくなる色でもあるのだ。

ピンクは人をやさしくする効果がある。

ただし、「ピンク」に行動を抑制する強力な効果はなく、激高した感情を抑えられるわけでもない。「ピンク」の効果を過信せずに、色をうまく使いつつ、同時にトラブルが起きにくい環境を整えることが大事である。

日本でも数年前から、受刑者が着ている灰色系の服や布団の不気味なデザインを明るい「緑」や「青」に変える動きが進んでいる。色彩の専門家から、「潤いにかける」「攻撃心を誘発する」という指摘を受けたことが原因らしい。

「灰色」は行動を抑制する色であり、刑務所の秩序は守られやすい。しかし、更生を誓う受刑者の健全な心の育成に向いている色とは言えないのだ。

また布団の柄は、「オレンジ」と「緑」の太い縞模様になっていて、安定した睡眠を促す色ではない。睡眠不足は心を不安定にしてしまうもの。的確な改善を期待したい。

「だから、ピンク映画を…」

青色防犯灯で犯罪は減るのか？

色を使った犯罪抑制といえば、街灯や駐輪場の光を「青」にする青色防犯灯がある。2005年に奈良県警が導入して以来、全国の自治体で広がりを見せている。

はじまりは英国のグラスゴー。景観改善のために、街路地の照明を「オレンジ」から「青」に替え、橋梁下の照明も「青」にしたところ犯罪が減少したという。その内容を日本のクイズ番組が紹介し、奈良県警が設置に取り組むようになったのだ。

その後、犯罪減少の実績から日本全国の自治体でも注目され、大阪府、新

青い光は人の心を穏やかにしてくれる。

ただし、「ピンク」に行動を抑制する強力な効果はなく、激高した感情を抑えられるわけでもない。「ピンク」の効果を過信せずに、色をうまく使いつつ、同時にトラブルが起きにくい環境を整えることが大事である。

日本でも数年前から、受刑者が着ている灰色系の服や布団の不気味なデザインを明るい「緑」や「青」に変える動きが進んでいる。色彩の専門家から、「潤いにかける」「攻撃心を誘発する」という指摘を受けたことが原因らしい。

「灰色」は行動を抑制する色であり、刑務所の秩序は守られやすい。しかし、更生を誓う受刑者の健全な心の育成に向いている色とは言えないのだ。

また布団の柄は、「オレンジ」と「緑」の太い縞模様になっていて、安定した睡眠を促す色ではない。睡眠不足は心を不安定にしてしまうもの。的確な改善を期待したい。

「だから、ピンク映画を…」

潟県、神奈川県、北海道、島根県などで試験的に導入され、一定の効果をあげていると言われている。専門家の意見として「青は心理的に冷静にさせる効果があり、犯罪の抑制に役立つ」という説明がなされたことが導入を後押ししているのだ。

ところがこの問題、テレビによって過大に報道されている部分が大きい。グラスゴーでは青色の照明になったことで、麻薬常習者が麻薬を打つときに腕の静脈が見えにくくなったため、常習者の数は減ったというが、犯罪が減ったという事例は確認されていない。

日本での導入後、犯罪が減ったのは、青色効果というよりは、青色防犯灯の導入による防犯意識の向上や注目度のせいかもしれない。

実際、「青」には人を冷静にする効果はあるが、犯罪者の精神をも沈静化する強力な効果があるとは考えにくい。今後は最適な導入方法と継続的な効果の検証が問われるであろう。

「わざわざ防犯灯が替わった
ばっかりのときに、悪いことを
しないだけだよ」

恋をしたら着る色、恋が冷めたら着る色

あなたが女性で恋をしているのならば、色を気にすることでより充実した恋愛生活を過ごせるかもしれない。恋をした女性は普段からピンク系の服や小物を持つとよい。できれば赤みの薄い淡い色のものがよいだろう。

ピンクは人の気持ちを落ち着かせ、心をやさしくする効果があり、恋をする気持ちを前向きにしてくれる。また、ピンクの色は男性の庇護欲（守ってあげたいと思う欲求）を刺激するので、好きな人の前ではピンク系の服、ピンクの色が入った服を着るとよい。ただし、影響力には個人差や色の好みがあるので、過剰な期待はしないこと。

また、「ラベンダー」や「ライラック」など紫系の色も女性ホルモンを促

ピンクは恋する気持ちを前向きにしてくれる。

す効果があると言われている。あまり紫のきつくないやさしい色を使うとよいだろう。

恋愛心理学の研究から、激しい恋に落ち、恋人同士や結婚に至ったふたりにも、「愛情」が「愛着」へと変化することがわかっている。恋はとてもエネルギーを使うため、それは生物学的に当然の行為だと考えられている。

恋の賞味期限は3年から4年。愛情が冷め、ふとパートナーの嫌なところが気になりだし、どうしても許せなくなってくる時期である。

そんな倦怠《けんたい》感に襲われている場合、女性ならたまにはピンク系の服を身につけるとよい。男性なら恋人や妻に「ピンク」「ラベンダー」「ライラック」などの服や小物を贈るのも効果的。やさしさを取り戻し、恋をしたい気持ちを前向きにしてくれる効果があるのだ。

「妻に女性らしくしてほしいから、ラベンダーの服を贈ろうかな」

段ボールに隠された秘密

荷物の運送、書類の保管、引っ越しなどで活躍する段ボール。その名は原紙にボール紙（現在は古紙が中心）を使っていたことと、波形に形成した「中しん」が階段のように見えることに由来する。

段ボールは、薄い茶色の「クラフト色」をしている。古紙などを使っているので、漂白せずに、そのままでてくる色である。結果的に汚れも目立たないので保管にも適した色になった。

ところが結果的にもうひとつ利点があった。それは、「クラフト色」は重たさを感じない色なのである。

色には重さの感覚が存在する。「黒」が一番重たく感じる色で、「紫」「赤」

クラフト色の段ボールは軽く感じる。

「黄色」「白」といった具合に軽く感じるようになる。

ちなみに「黒」と「白」では、「黒」のほうが１・８倍も重く感じるという実験結果もある。「クラフト色」は軽く感じる色のグループに入るので、運搬にも適していたのである。

最近、引っ越しなどでは白い段ボールを使っている業者がある。これは、「白」はもっとも重さを感じさせない色であり、運搬員の負担を軽減する狙いがある。

さらに、白い段ボールはクラフト色の段ボールよりも弱いイメージがあるため、運搬員は通常の段ボールよりも取り扱いが慎重になるという。若干、コストは高くなるが、運搬用には白い段ボールを使うほうが荷主、運搬員双方にメリットがあるのだ。

あれ？
もし、
段ボールが
黒だったら…

快眠と色の関係は？

「最近、記憶力が低下しているので、
とりあえず寝ることにしました」

人にとって睡眠は非常に重要である。体を休めるだけでなく、記憶とも結びついていて、しっかりと眠れない人は、記憶を長期に保持できないということが最近の研究ではわかっている。

では睡眠促進に、よい色というのはあるのだろうか？

睡眠促進には青系の色がよいと言われる。「青」は副交感神経に働きかけ、血圧、脈拍、呼吸数などを低下させ、心を鎮静させる働きがある。

「青」は人を睡眠に誘う色である。実際、布団に淡い青系の色が多いのは、そのような理由があるからなのだ。

また「白」も睡眠を促進させる。「白」は清潔感があり、気持ちよく睡眠に導く色である。シーツや枕カバーにも「白」は多い。また「淡い青」「明るい青」と組み合わせることで、心を落ち着かせる配色となる。

照明も大事である。就寝前に昼白色（白っぽい色）の蛍光灯の光を浴びると、睡眠ホルモンと言われている「メラトニン」の分泌を抑制し、深い眠りが減少してしまうという報告もある。

寝室に蛍光灯を使っているなら、電球色（赤くあたたかい色）の蛍光灯が好ましい。

よい睡眠には、白・青系の色の布団やパジャマを使い、あたたかい色の照明を使うとよいのである。

白、淡い青の布団に、
あたたかい光の組み合わせは、
快適な睡眠が得られやすい。

健康によい色がある!?

健康によいとされる下着の色がある。それは白い下着である。

「白」は体が必要とする波長を透過する。そのため健康を保ちやすいのである。

もし、風邪をひいたら白い下着を着て、白湯《さゆ》を3杯飲んで寝ると発汗が促進され、熱が下がりやすいと言われている。

逆に、黒い下着は太陽光をほとんど透過しないので、健康にはよくない下着と言える。

また、健康にはストレスをためないことが大事である。ストレスを感じた

風邪をひいたら白い下着で寝ると
熱が下がりやすい。

ら、やさしい色合いの「紫」を見るとよい。やさしい紫はストレスで傷ついた神経を癒してくれるのだ。

イライラしている自分を静めたいときは「緑」を見るとよいだろう。「緑」は心や体の疲れを静めてくれる。不健康な精神状態をよいほうへと導くことでバランスを取ろうとする。軽度の頭痛は「緑」を見るだけで治ることもあるのだ。

アメリカをはじめ海外では、色彩の力で病気の治療をしようとする色彩療法が盛んである。色彩療法では、「黄色」の光は貧血や神経衰弱を改善する効果があり、「オレンジ」は下痢や嘔吐《おうと》に効くと言われている。

白い下着は健康によいとされている。

ドル紙幣は、なぜ「緑」？

世界の紙幣は「緑」や「青」が多い。アメリカのドル紙幣も緑色である。これはどうしてだろうか？

ドル紙幣はこれまで何度かデザイン変更がなされているが、毎回、緑色の紙幣が使われている。緑色になった理由は、当時、緑色のインクが大量に入手できたこと、そして、緑の色が科学的にも物理的にも変化に強いこと（たとえば太陽光を浴びても色落ちしにくい）が挙げられる。それに加えて、「緑」は「平和」「調和」「安全」を感じさせる色でもある。

「青」もまた「安定」や「信頼感」を感じさせる色であるため、「緑」と同様に紙幣に向いている色なのだ。昔、紙幣はとても不安定で、いつ〝ただの

「なんでグリーンなんだろう？」

紙〟になるかわからないものだった。紙幣の色でその不安を取り除こうとしたことが推測される。

一方、２００２年から流通しているユーロ紙幣は、「グレイ」「赤」「青」「オレンジ」「緑」「黄色」「紫」と非常にカラフルである。現在の新しい紙幣では「安定」や「信頼」を追求する必要がないことが、そこからもわかるだろう。そして、紙幣の区別が容易につくように、単位の近い色が暖色と寒色の交互になっているのである。

グレイ
5
赤
10
青
20
オレンジ
50
緑
100
黄色
200
紫
500

暖色と寒色を交互にして、
容易に区別がつく工夫がされている。

「食欲色」ってどんな色？

食欲を抑制する色と、逆に食欲を増進する色があることをご存じだろうか。「赤」「オレンジ」「黄色」といった暖色に加え、「緑」などが食欲を増進する色と言われている。また、「青」は単独では食欲を抑制する色だが、「白」と組み合わさることで食品を引き立てる色となる。

この食欲色は、「人が持って生まれてきた感覚」という説と「経験によって身についた」との説がある。私は持って生まれてきた部分もあるが、圧倒的に経験によって身につくものだと考えている。文化が変わると食欲色が大きく変化するのもそのせいであろう。

特に日本人は多彩な食欲色を持っている。たとえば、「白」と「黒」。「白」

「赤」「オレンジ」などは
食欲を喚起する色である。

といえば、ごはん、お餅、うどん、そうめん。「黒」はゴマ、のり、こんぶ、ひじきがある。

欧米人は黒い食材をほとんど食べない。「黒」を見ても食材だとは連想しないし、食欲は喚起されない。ところが、日本人は炊きたての白いごはんにのりをのせて食べることを想像すると、「おいしそう」と感じるだろう。さらに「白」と「黒」に加え、日本料理は多彩な色を使い、目で食べさせる工夫をこらしている。

「黒と白と言えば…
おにぎり！」

参考に一般的なフランス料理のフルコースの色数と懐石料理の色数の差を調べてみた。無作為に5店舗ずつ選び色数を調査したところ、懐石料理のほうがフランス料理より、平均1・5倍ほど色数が多く、お皿に使われている色数は2・3倍多かった。

季節や店舗で色数は大きく異なるので参考数値だが、懐石料理の色数の多彩さを理解していただけるだろう。

「赤提灯」はどうして「赤」なの？

昔は照明として足元を照らす道具として使われた「提灯《ちょうちん》」。いつしか看板として居酒屋や飲み屋の店先に飾るようになったものが「赤提灯」である。色彩心理的にこの「赤提灯」を見ると、とても優れた機能を持っているのがわかる。

これまでも述べてきたとおり、「赤」はとても目立つ色であり、他の色がたくさんあっても一番目立つ。看板がひしめく繁華街にあ

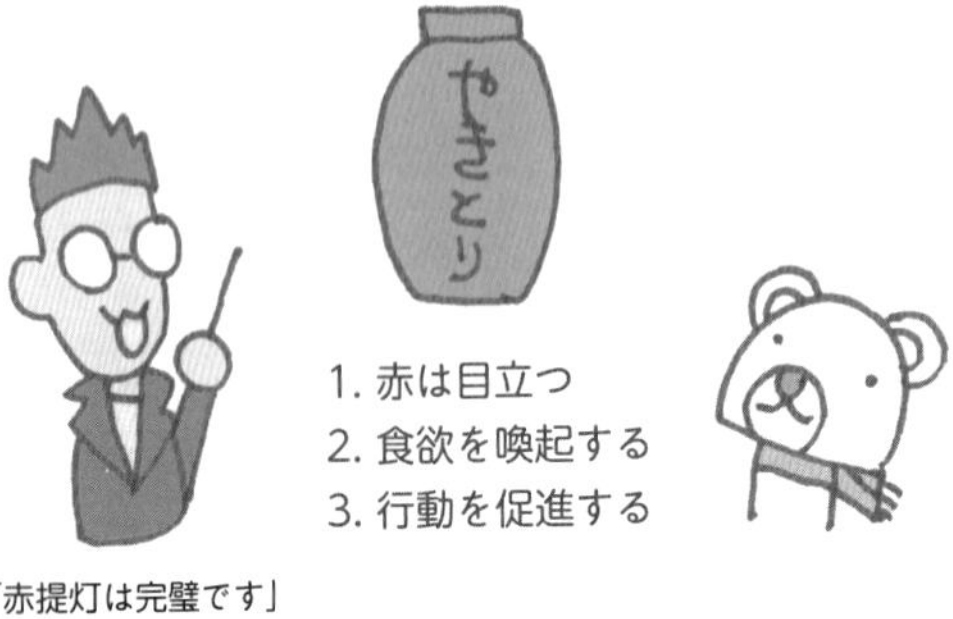
やきとり
1. 赤は目立つ
2. 食欲を喚起する
3. 行動を促進する

「赤提灯は完璧です」

っても赤提灯はひときわ目を引く存在となる。

次に「赤」は胃腸の働きを活発にする働きがある。赤提灯を見ていると食欲がでてくる。なにかを食べたくなったり、飲みたくなったりするのだ。

さらに、「赤」は行動を促進する色。一杯やろうか、がまんしようか悩んでいると、赤い色が背中をトンと押してくれる作用があるのだ。

そして極めつけは、人には酔うと赤い色に引き寄せられる習性があるという。

つまり、赤提灯は「目立つことで場所を告知し」「見た人の食欲を喚起し」「悩んでいる人の行動を促進させ」「周辺の酔った人をさらに集客する」というすばらしい機能があるのだ。

そんな赤提灯に寄り道をするサラリーマンをだれが責められようか？　サラリーマンが悪いのではなく、赤提灯が悪いのである。

そして、
「あぁ…吸い寄せられる…」

第3章

色と文化

場所が変われば色に対する印象やイメージも変化する。ここでは文化的な背景から、色に関するおもしろいエピソードや色のイメージなどを紹介したい。

国旗で一番多く使われている色は？

国旗には自然や宗教、思想などが反映されている。国旗の色を調べるとおもしろい傾向が見えてくる。

世界で一番多く使われている色は赤系の色である。ただ、同じ「赤」でも表現されているものは、「勇気」「血」「情熱」「太陽」など様々なものが表現されている。そこで、もう少し細分化し、地域ごとに国旗の傾向を見てみたい。

アジア……………「赤」を使っている比率が高く、その使用率は約80％にも及ぶ。「赤」は共産主義や社会主義の象徴であり、革命や自由などを表現している。

「パラオの国旗って、
丸が左にズレているぞ。
えっ、旗が風になびいたとき、
中心に見えるようになの？
ふーん細かいね」

オセアニア……周辺を海に囲まれている国が多く、青系の使用頻度が高い。「青」は太平洋の象徴色になっている。

アフリカ……もっとも多い色は「緑」であり、豊かな自然を表現しているだけでなく、勇気や希望の象徴として使用している。

北米、中南米……各色がバランスよく使われている。「赤」は勇気や団結、「青」は自然や自由を、「白」は平和や正義などを表現している。

ヨーロッパ……「赤」がもっとも多く、勇気や情熱を表現している。「緑」と「黒」が極端に少ないのも特徴的である。

ロシア・NIS…キリスト教を象徴する「赤」とイスラム教の「緑」が多く使われている。農業の充実・発展を目指していて、農産物の色を使う国も多い。

「マケドニアの国旗って黄色に赤の背景。なんか飛び出してきそうで迫力あるね」

国旗に見る「太陽」の色

日本の国旗と言えば日の丸。太陽を象徴したデザインである。日本は太陽を「赤」で表現しているが、世界には別の色で表現している国も多い。世界的に太陽は「金色」、もしくは「黄色」で表現されることが多い。そこで国旗で使われている太陽をクローズアップし、世界では何色で表現されているのかを検証してみたい。

赤……………日本とよく似た国旗のバングラデシュは緑の地に赤い太陽が描かれている。「赤」は独立戦争で亡くなった人の血でもあるという。マラウイは日の出の太陽として赤い

太陽が描かれている。

金色……国旗の中央に金色の太陽といえば、アルゼンチンの国旗。インカ帝国の太陽神である「インティ」である。インティはウルグアイの国旗にも載っている。

黄色……カザフスタンの国旗の中央には黄色の太陽があり、キリバスの国旗には、海から顔を出す黄色の太陽が描かれている。他にもナミビア、フィリピン、マケドニア、モンゴル、ルワンダが黄色の太陽を国旗に使っている。

その他……アフリカのニジェールの国旗には「オレンジ」の太陽が描かれている。ネパールの国旗には月と太陽が描かれているが、両方とも「白」で表現されている。

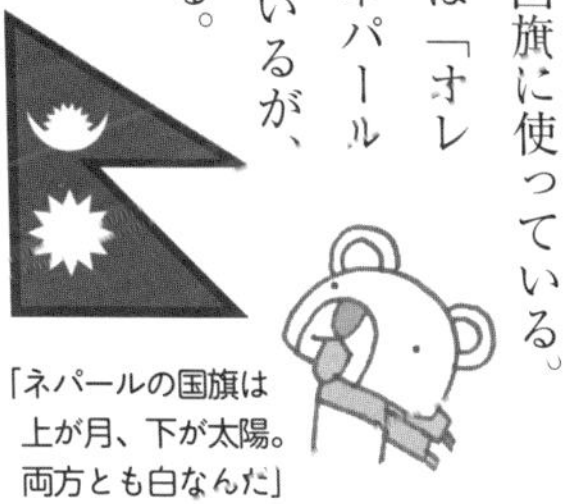

「ネパールの国旗は
上が月、下が太陽。
両方とも白なんだ」

フランス国旗の秘密

今では「青」「白」「赤」の比率は均等。

日本でもよく目にするフランス国旗。「青」「白」「赤」のトリコロール（3色）カラーとして有名である。「青」は自由、「白」は平等、「赤」は博愛を表している。これは、フランス革命時の、市民の帽章に由来すると言われているが、この3色の比率は均等ではなかったことをご存じであろうか？

均等でない理由は、「白」「赤」は膨張色、「青」は後退色なので、均一にしてしまうと大きさが偏って見えるからである。「白」「赤」の比率を抑えて「青」の比率を大きくしてあげないと均等に見えないのだ。

この話は色彩心理を知っている人にはわりと有名で、色彩心理系の書籍やサイトでは数多く取り上げられている。ところが、資料が複数存在するようで、その比率が様々な形で紹介されている。

「青：白：赤」の比率で多いのは「37：30：33」、もしくは「37：33：30」。風でなびくことを考え、なびく部分が一番多い「赤」を大きくした「30：33：37」という比率もある。

当時もこんな混乱があったのかは不明だが、１９４６年の法律で色の三等分が決められた。その後、便宜的にも不等分の比率も許容される法律改正がおこなわれたが、現在でも三等分された国旗が使われている。

国旗に平等を謳《うた》うフランス国旗、比率でもめるなら各色とも平等な大きさがよい。

「下の国旗は赤を大きくしているもの。ついつい注意深く見ちゃうね」

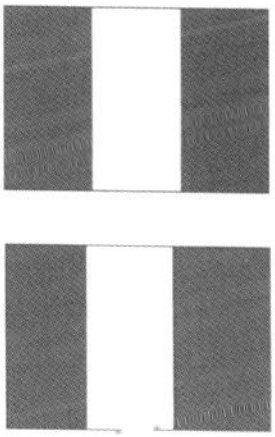

日本人が好む色って何色？

色の嗜好《しこう》も文化的な影響を大きく受ける。国民が持つイメージの善し悪しが色の好みにも影響するからである。

日本人は宗教の影響力が弱く、特定の色の潜在イメージをあまり持っていない民族である。しかし、逆に言えば流行やその場の感覚に影響を受けやすいともいえる。

では日本人が好む色とは何色だろうか？

この調査は様々な団体でおこなわれているが、色の選択式なのか記入式なのかで結果は大きく変わるし、選択式であっても、色を見せているのか見せ

「……」

「女性に好かれるために
ピンクになろうかな」

ていないのかで結果が異なってしまう。そこで、日本国内でおこなわれた複数の「好きな色の調査」の結果を総合的に見て、傾向を探ってみたい。

色の好みには男女差が強くでる。日本人の男性が好む色の1位は「青」。2位が「緑」。これがほぼ固定で、3位の「赤」「黒」「白」が調査によって変化する。

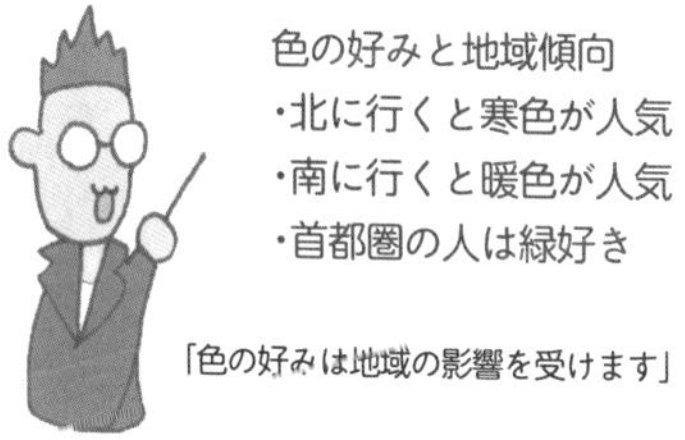
色の好みと地域傾向
・北に行くと寒色が人気
・南に行くと暖色が人気
・首都圏の人は緑好き
「色の好みは地域の影響を受けます」

女性の1位は「ピンク」がほぼ固定で、調査によって2位以下が「黒」「赤」「白」「青」「緑」で入れ替わる。女性のほうが色には敏感で、時期などにも影響を受けやすいのである。

また、複数の調査では男女差と同様に地域差も認められている。首都圏は「緑」が好まれやすい傾向にあり、北に行くほど「青」「黒」など寒色人気が高く、南に行くほど「赤」などの暖色人気が高いようだ。

世界で異なる色の好み

では世界の人が好む色はどんな色だろうか？

武蔵野美術大学の千々岩英彰《ちぢいわひであき》教授は、世界20か国、約5500人の学生を対象に色彩調査をおこなった。それをまとめたものが左のものである。

韓国……………1位「青」　2位「白」　3位「赤」
中国（北京）…………1位「青」　2位「白」　3位「グレイ」
オーストラリア……1位「青」　2位「赤」　3位「緑」
アメリカ……………1位「青」　2位「赤」　3位「緑」
ドイツ……………1位「青」　2位「黄色」　3位「赤」

ロシア……………1位「黒」　2位「白」　3位「赤」
オランダ…………1位「オレンジ」　2位「青」　3位「黒」
イタリア…………1位「青」　2位「赤」　3位「緑」

世界的にもっとも好まれる色は「青」であり、続いて「赤」「緑」も好まれる。
世界で色の好みが異なるのは、文化・宗教的な側面、太陽光（照度）の違い、空気の透明感の違い、背景色の違いなどが挙げられる。

「北極で人気の色は、『けっこう白』『まあまあ白』『わりと白』『すごい白』です」

「世界では青が人気です」

決して使ってはいけない色

「決して使ってはいけない色」

何か怖いもののようであるが、そうではない。日本では天皇、皇太子、親王などが用いる服の色は、一般人が着てはいけない色として定められていた。これを「禁色《きんじき》」と言う。

「黄櫨染《こうろぜん》」「青白橡《あおしろつるばみ》」「赤白橡《あかしろつるばみ》」「黄丹《おうたん》」「深紫」「支子《くちなし》」「深緋《こきひ》」「深蘇芳《ふかきすおう》」という色は禁色であった。明治時代に規制が緩和され、その後、天皇が使用する「黄櫨染」と、皇太子が使用する「黄丹」をのぞく色は使ってもよい色となったのである。

なかでも「黄櫨染」は天皇が重要な儀式のときに礼服を覆う上衣（袍《ほう》）に

「ちんは、この色が好き」

使う色で特別なものであった。黄色に赤色を混ぜた少しくすんだ色で、黄土色に近い。真昼の太陽を象徴したものである。これは、禁色の中でも特別な色で、「絶対禁色」とも呼ばれる。この色を一定してだすのは難しいとされ、平安時代以来、数百年にわたり、一部の公家によって守られてきたという。

また聖徳太子（厩戸王《うまやど》）が制定したとされる「官位十二階」の上位色である「紫」も禁色であったし、ローマ帝国でも「紫」は皇帝や貴族しか使えない禁色であった。

ローマ帝国時代の「紫」は、わずか1グラムの色素を得るために2000個もの貝が必要だったという。

江戸時代には豊かな色彩文化があった？

江戸時代後期、日本の色彩文化を大きく変える出来事があった。お上が「贅沢禁止令」を発令し、庶民の生活を抑圧したのだ。

禁止令は食事や遊びだけでなく、着物の色、柄、素材にまで及んだという。このときに許された色は「茶色」「鼠色（グレイ）」「納戸色（紺）」。しかし、そこでいい子にしているような江戸っ子ではなかった。許された色を工夫して、微妙な違いの色を楽しむようになったのだ。

庶民たちは、「茶色」「鼠色」のバリエーションとして新しい色を次々に生みだし、その微妙な色の違いを楽しんだという。それが「四十八茶百鼠」と呼ばれる色のバリエーションだ。

「江戸時代の人たちは限られた色を工夫してお洒落を楽しんでいたんだね」

これは、48の茶色と100のグレイがあるというわけではなく、言葉遊びでそう呼んでいるものである。「利休鼠」「梅鼠」「銀鼠」など、日本の伝統色に「鼠」が多いのは、そこからきている。きらびやかで多彩な色を禁止したかわりに、江戸時代にはこうして微妙で多彩な色彩の文化が生まれたのだ。

利休鼠、深川鼠、鳩羽鼠、青柳鼠、
梅鼠、納戸鼠、紅消鼠、松葉鼠、臙脂鼠、
葡萄鼠、白鼠、茶鼠、藍鼠、錆鼠、
薄雲鼠、鴨川鼠、淀鼠、湊鼠、嵯峨鼠、
空色鼠、浪花鼠、御召鼠、小豆鼠、紅鼠、牡丹鼠、
茶気鼠、生壁鼠、山吹鼠、玉子鼠

「すごーい。これでも一部」

また歌舞伎役者が着ていた服が江戸の流行色になることも多かったようだ。「路考茶」「梅幸茶」「舛花色《ますはな》」「高麗納戸」などは役者が着ていた色とも言われている。「路考茶」は人気役者からでた色で、なんと70年間も流行し続けたという。

一説によると「粋」という言葉は、庶民の武士階級体制への反骨精神である「意気」が転じて「粋」になったとも言われている。

口紅が赤いのはなぜ？

口紅の歴史は古く、奥が深い。紀元前数万年前から、人類は悪魔が口や耳から入ってこないように、赤いものを塗る習慣があったという。「赤」の持つ強い色彩が魔除けとして使われていたようだ。紀元前３０００年頃、古代エジプトでも呪術的な意味が強く、次第に装飾的な意味が加わっていったと考えられている。

日本でも平安時代から江戸時代後期まで、口紅は身分を表すものであった。装飾的な意味が強くでてきたのは明治時代以降である。

現代において口紅は美的表現、社会的義務、そして子孫繁栄としての意味が存在する。自己表現としての美しさの追求、そのひとつの手段として口紅

赤い女性の唇に惹かれる男性は多い。

が存在する。そのため、微妙な色が数多くあり、自分らしい美的表現ができるようになっている。

社会的義務とは身だしなみとしての口紅である。口紅を引くことが社会人女性の当然の行為として慣習化されてしまっているのだ。

「美的表現に社会的義務かぁ、
女性ってたいへんだな〜」

また、子孫繁栄（恋愛機能）として口紅が果たす役割もある。男性は女性を視覚重視で選んでいることが最近の研究でわかってきている。中でも唇に魅了され、影響を受ける男性は多い。女性は恋愛を通して良質な男性を捕まえなくてはならない。赤い唇は男性を引き寄せるものにもなるのだ。

また、口紅は加齢によって褐色化した唇を隠す役割もある。より若々しく健康的にみせるために赤い口紅は役立っている。

心理学的に言って、男性は無意識に若くて健康的な女性を求める傾向にある。恋愛にも口紅は効果的なツールになるのである。

女性が美白を求める理由

「ボクは生まれながらに美白かも…」
「『美』かどうかは微妙だけど…」

女性なら誰もがときめく「美白」。洗顔、化粧水、乳液、クリームと女性は美白のために努力を重ねている。

しかし、なぜ女性は美白を求めるのだろうか？

２００９年に化粧品会社が実施したアンケート調査では、「女性の約7割が『美白』に関心を持っている」という回答をした。

しかしこの「美白」、実は日本人にしかない欲求なのである。欧米人は肌が白くなることを特に希望していないのだ。

アジア人は肌が変化しやすい傾向があり、日に当たると自然と黒くなりやすい。外にでている人の肌は当然黒くなるため、日本人には「肌の黒い人は労働者（家庭にいない人）である」という無意識のイメージがある。そのため、白い肌の人は働かないでもよい「セレブな女性」「家庭的で品のある女性」というイメージが形成されてしまうのだ。

日本人は、「白」の持つ上品、清潔、無垢《むく》、純真といったイメージを好む。それが美白にこだわるひとつの要因だと考えられる。

また、日本には結婚式の白無垢や芸者の白塗りなど、「白」を通して女性を美しく見せる文化的な背景もある。

さらに、「白」は若さを象徴する色でもある。若さを求めたいときに、人は「白」を求める傾向があるのだ。まさに日本人にとって「白」は特別な色なのである。

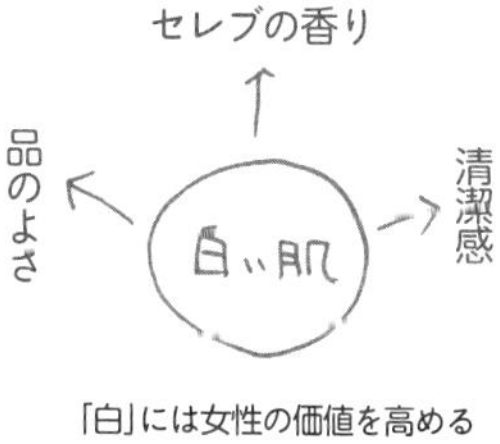

「白」には女性の価値を高める様々な効果がある。

なぜ白い動物は「おめでたい」とされるのか？

白いヘビ、白いトラ、白いカラス……、白い動物は世界で吉兆とされている。場所によっては、神の使いとされることもある。ほとんど自然界で見かけることがない希少な存在であるため、見かけることができると「おめでたい」とされる。

これらの白い動物は「アルビノ」と呼ばれ、先天的なメラニン色素の欠乏によるものである。

なぜアルビノが「おめでたい」とされるかは、単に珍しいということだけではなく、その見た目の美しさによるところが大きい。

「白い動物は出会うと吉兆と言われます」

大和朝廷の時代から白い動物は天皇に献上され、「白」は神と結びつくことが多かった。また、世界のどの国でも描かれる神は白い衣装を着ていることが多く、日本でも「白」と「神」が結びついている「白神」「神白」などの地名は多い。白い動物が神の化身として扱われるのは自然のことである。
このアルビノは人にも現れる。第22代の天皇である清寧天皇は、生まれながらに白髪で白髪皇子《しらかみのみこ》と呼ばれていた。

「ボクは生まれながらに
おめでたいかも…」
ハーイ
「いや、おめでたいの
意味が違うかも…」

有名なところでは、旧約聖書に登場するノアは、雪のように白い体に髪も羊毛のように白かったという記述があることから、アルビノだったのではないかと言われている。このあたりもアルビノが神の使いとされる要因なのかもしれない。

「黒猫」は不吉なの？

黒猫が不吉な存在という印象を与えるのは、魔女の手先、いわゆる「使い魔」であるとされたところであろう。ヨーロッパでは魔女狩りの際、黒猫も一緒に捕らえられ、殺されてしまったという暗い歴史がある。

つい最近まで、黒猫は魔女の影を感じる「不吉な存在」として、迷信を信じる人たちに迫害されていた。魔女の衣装が黒一色ということと、黒い毛で覆われた黒猫が重なることとで、黒猫は魔女のような特殊能力を持っていると信じられていたのである。

「黒」はその色の強さから、神秘的な力を持つような印象を持ってしまう。

「なんでこんなカワイイ黒猫が嫌われるのだろう？」

暗いことからも死や不吉といったイメージを持ちやすい。しかし、その一方で、黒猫は「福猫」として魔除けや幸運の象徴とされることもある。

英国では黒猫を大切にすると漁のとき好天に恵まれると信じられ、多くの船乗りが黒猫を求めたという。南フランスでも敬意をこめて飼えば、飼い主に幸運をもたらしてくれると信じられている。

日本でも黒猫を飼うと結核が治るという迷信があった。児童文学の『魔女の宅急便』にも登場し、愛好者は多い。

「不吉」と「幸運」、「黒」という色が持つ両極端のイメージから、黒猫もまた両極端に扱われる。人のイメージで左右されてしまう黒猫にはいい迷惑である。

「痛いからかも…」

方角にも色がある？

中国には自然哲学の思想で、万物は木、火、土、金、水の5種類の元素からなるという五行思想（五行説）というものがある。

これは日本の陰陽道の起源としても知られている。四季の変化も五行の推移で起こると考えられており、五行の色と季節を組み合わせて、青春、朱夏、白秋、玄冬といった言葉が生まれた。

また方角にも色が振り分けられていて、東が「青」、南が「朱（赤）」、中央が「黄」、西が「白」、北が「玄（黒）」となっている。

この色は四方の方角を守る四神（四獣）とも重なる。東の青竜、南の朱雀、

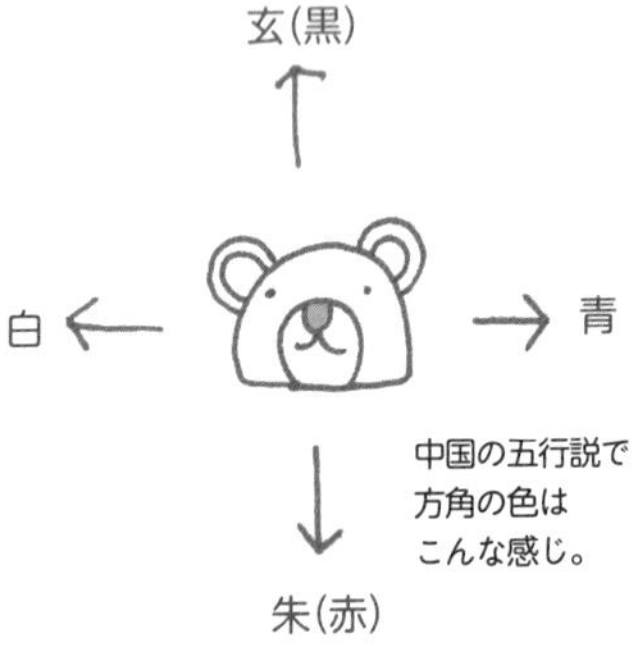

中国の五行説では、方角の色はこんな感じ。

西の白虎、北の玄武である。

この方角と色は、中国だけでなく他の国や文化にも存在する。

マヤ文明においては、自分たちが暮らす中心が「緑」、東が「赤」、南が「黄」、西が「黒」、北が「白」である。太陽が昇る東を「赤」とし、太陽が沈む西を「黒」とした。北と南の確かな理由は不明だが、北を天球の中心と考え、天空の象徴として「白」、南は「トウモロコシの色」にしたという説がある。

またアメリカの先住民であるナホバ族は、東は夜明けの色として「白」、西は黄昏《たそがれ》の色として「黄」、南は日中の空の色である「青」、北は影の色である「黒」であらわされるという。

このように、北を不毛な土地として「黒」で表現する民族は多い。

文化が異なると方角の色も様々なのである。

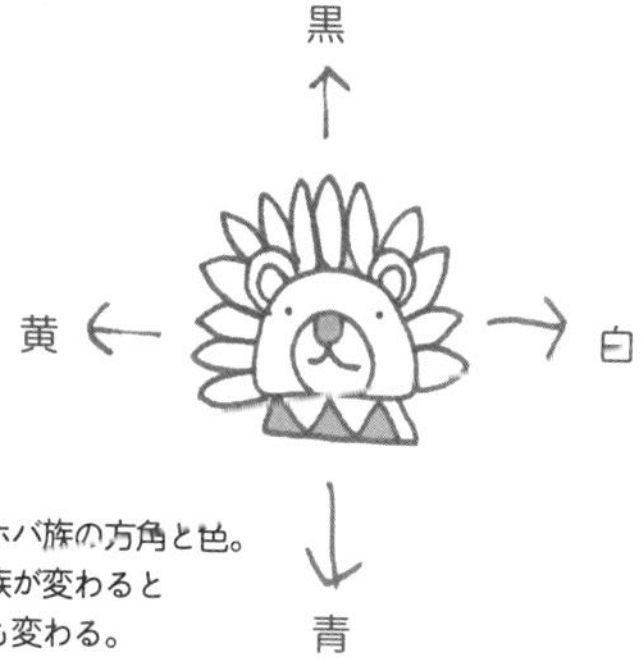

ナホバ族の方角と色。
民族が変わると
色も変わる。

虹は何色に見える？

雨上がりの空に見える虹。いったい何色あるように見えるだろうか？

「そんなの7色でしょ」

そう答える人が多いかもしれない。でも、それはあなたが日本人だからかもしれない。

実は、虹の色数は国で大きく異なる。日本では「赤・橙・黄・緑・青・藍（青紫）・紫」と言われている。ところが、アメリカでは「赤・橙・黄・緑・青・紫」の6色。イギリスも6色。ドイツでは「赤・黄・

「虹といえば、７色でしょう」

「えっ、２色という地域があるの？？」

緑・青・紫」の5色（6色という人もある）と言われている。

それで驚いてはいけない。台湾のブナン族は「赤・茶・紫」の3色。アフリカやシベリアには、「虹は2色だ」という人たちもいる。なんと日本でも沖縄では「青・赤」、もしくは「赤・黒」とすることもあるという話だ。

どうしてこんなことがおきるのだろうか？

それは色名と深くかかわっている。民族によっては細かい色の名前を持たないこともある。名前がない色は基本的に存在しないと考えるのだ。

実は日本も昔は、「緑」と「青」を区別しなかった。「緑」と「青」が同じ色なら、虹は6色ということになる。

また、もうひとつ、虹は色が連続していることがある。「紫」から始まって「赤」まで、微妙なグラデーションで続いている。したがって、細かく言えば、色は無数に存在するのである。

なぜ寿司屋では醤油を「むらさき」と言う？

お店では「隠語」というものがよく使われる。従業員の会話内容をお客様にわかりにくくするのが目的である。

たとえば、飲食店で従業員が「トイレに行ってきます」とお客様の前で言うのは好ましくない。したがって、「三番に行ってきます」などと隠語を使うのである。

昔、醤油はとても高価な調味料だった。

隠語が多く、ひとつの文化になっているのが寿司屋である。お茶を「あがり」と呼び、生姜を「ガリ」、たれのことを「つめ」と呼ぶ。

ここで「むらさき」と呼ばれているのが「醤油」である。なんとなく醤油の色合いから、「むらさき」と呼んでいるのだろうというのはわかるが、実は醤油を「むらさき」と呼ぶのには、もうひとつの意味がある。

醤油は室町時代にできたとされ、その後、製品として量産されるようになった。江戸時代、8代将軍・徳川吉宗の頃、江戸の町には料理屋が多数でき、醤油も調味料として使われるようになった。ところが当時の醤油は、非常に高価なものであり、塩の7、8倍の金額であったと言われている。

「ボクも希少なクマなので、『むらさき』になるのかなぁ」

一方、服飾の世界では、紫の染めは大変高価で贅沢品であった。染めの世界では「紫」がとても貴重であり、醤油と同じように簡単には使えなかったのだ。

そこで、醤油が暗い紫をしていることをかけて、醤油を貴重なものの代名詞として「むらさき」と呼ぶようになったと言われているのである。

色と栄養素の関係

食に関する知識を身につけ、食を選択する力を養おうとする「食育」。その一環として、子どもたちに栄養素の働きを教える際に、色を使って教えている。

ひとつの食べ物には何種類もの栄養素が含まれているが、「食育」では、その中で特に多い栄養素のグループを以下の3種類に分けている。

栄養素を３種類、３色に分類するとわかりやすい。

赤……血や肉を作る栄養素で、丈夫な体を作る。たんぱく質、脂質、カルシウムなどが多く含まれる。お肉、魚、豆、卵、豆腐など。

黄……体を動かすエネルギーを作る栄養素で、力の源を作る。炭水化物が多く含まれる。ご飯、パン、芋類、うどんなど。

緑……体の調子をよくしてくれる栄養素で、病気に強い体を作る。ビタミンやミネラルなどが多く含まれる。野菜類や果物類。

これらの栄養素をバランスよくとることが大事である。

「赤」からは血や肉を連想しやすく、丈夫な体作りと「赤」は一致する。「黄色」は力を表現することもあり、体を動かすエネルギーを作る栄養素として「黄色」をあてている。芋やパンの一部も黄色の食品といえる。

また、「緑」は食品の色そのものであるし、調和や調子を整えるイメージが強く出るので、「緑」の設定はぴったりである。

この色分けは色彩心理的にもとてもよくできていて、子どもたちが色の感覚で、なんとなく理解できるようになっているのだ。

「栄養素は３色をバランスよく
食べることが大事！」

中国茶には6色のバリエーションがある

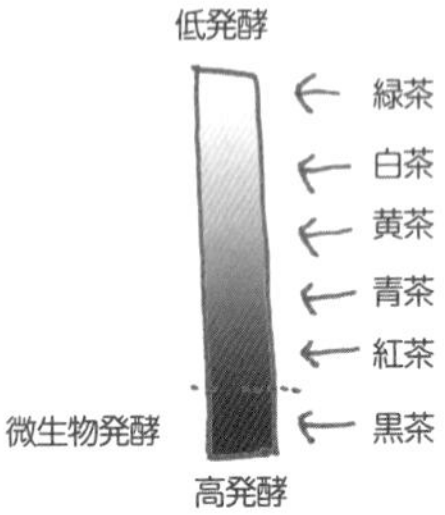
低発酵
緑茶
白茶
黄茶
青茶
紅茶
微生物発酵
黒茶
高発酵

中国茶は発酵度に応じて６種類。
すべて色が振り分けられている。

私たちが普段よく飲む烏龍《ウーロン》茶。この中国茶にも色があることをご存じだろうか？

ちなみに烏龍茶は「青」である。

中国茶は茶葉の発酵のさせ方により6種類に分類され、それぞれに色がついている。

もっとも一般的なのは日本茶でも知られる「緑茶」。ただし、日本茶のように蒸さずに釜炒りする。茶葉を摘んだ後に加熱処理をして発酵を止めてしまうので、不発酵茶とも言われ、中国では烏龍茶より一般的なお茶である。

そして、わずかに発酵させたお茶を「白茶」という。生産量も少なくソフトな味と清らかな香りが特徴である。

軽度の発酵茶だが手間がかかりあまり市場に出回らないお茶が「黄茶」。茶葉とお茶の色が「黄色」であるためそう呼ばれている。中国茶の中でもっとも貴重なお茶と言われている。

青茶は発酵度の幅が広い。ツウは発酵度の高いものを飲んで「青い」と評価する。

そしてある程度発酵させてから加熱処理をしたお茶が「青茶」。半発酵茶とも言われている。茶葉を日光にさらす過程で「深い緑（青）」に変化することから「青茶」と呼ばれている。烏龍茶、鉄観音、黄金桂も青茶である。

それから、完全に発酵させたお茶が「紅茶」、微生物による後発酵をさせたのが「黒茶」である。有名な「黒茶」にはプーアル茶がある。

企業が好むのはどんな色？

あるときホームページ制作会社の社長から、注文を受ける企業のロゴマークやコーポレイトカラーは「青」ばかりなのだが、何か意味があるのか？　と質問を受けたことがある。

そこで実際に都市銀行、地方銀行のロゴマークには何色がもっとも使われているか調べてみると、確かに一番使われていた色は「青」であった。銀行だけでなく、「青」を好んで使う企業は多い。これはどうしてだろうか？

「青」は「誠実、安定」を感じさせる色である。自社に「信頼感」を持ってもらいたい企業は、特にこの色を選ぶ傾向にある。

企業が青を使いたがるのは
青の持つよいイメージのため。

また、「青」は「先進性」を感じさせる色でもある。未来へ進むイメージも獲得できる。「青」の持つよいイメージを会社のイメージとして使えるのである。

さらに、「青」は１０６ページで紹介したように、日本人男性がもっとも好む色でもある。良質な企業イメージを獲得することに加え、企業の印象も向上するのだ。

青は世界中でもっとも好まれる色である。

世界でも「青」は多くの国で好まれる。「黄色」や「緑」は国や地域によってはあまり好ましいとされないが、「青」は例外的にどこの国でも負のイメージを持たれることが少ない。

将来的に世界進出を視野に入れるなら「青」はとてもよい色となるが、多くの企業が使うことで埋没してしまう危険性もある。あえて別の色にして注目度を高めるという戦略もあるだろう。

リクルートスーツはなぜ地味なのか?

学生が就職活動用に購入するリクルートスーツ。スーツだけを示しているのでなく、着こなしを含めた全体のスタイルをいうことが多い。

男性は黒か濃紺のスーツに白いワイシャツ、それにシンプルなネクタイを合わせる。女性はダークグレイか黒のジャケットが一般的であり、タイトなスカートに白のブラウスを着用することが多い。

なぜリクルートスーツはこんなにも地味なのか?

紺のスーツは相手に「誠実、真面目、知的さ」を印象づけることができ、白いシャツとの組み合わせで「清潔感」をアピールできる。つまり、「真面目で、会社のためになりそうだ」とアピールできるのである。

「リクルートスーツで
個性を出すのは難しい」

みんなと同じ
→自らアピール
することをしない
→入社後も
余計なことを言わない

また、「黒」はシャープな印象を相手に与えることができ、仕事ができるイメージを持たれやすい。そして、「黒」には外からの力を防ぐ心理効果もあり、面接に着ていくとプレッシャーに負けにくくなるのだ。

ところがリクルートスーツは、もはや就職活動の制服になっているため、これでは個性をアピールすることが困難である。これは日本だけの悪しき慣習であり、この考え方が入社後の若者の自由な発想や発言の場を奪っている現状もある（実際、リクルートスーツを着てこない学生に対して、「集団行動ができない人間」と低評価をする担当者もいる）。

就職活動はあくまでも対等。スーツで判断するような企業を初期の段階で見極めるためにも、学生には礼節を尽くしつつ、華美にならない程度で自由に服を選んで面接に挑んでほしい。

色は雄弁にあなたの個性を語ってくれるはずだ。

リクルートスーツを容認する
環境が、新人活躍の場を
なくしているとも考えられる。

ピアノは「黒」という誤解

ピアノが黒いのは
日本だけの常識。

「ピアノの色は何色？」

そんな質問をすると間違いなく「黒」という答えが返ってくる。私たちはピアノの色は「黒」というイメージを持っているのだ。

それは正解だろうか？

ピアノアドバイザーである斎藤信哉氏の著書『ピアノはなぜ黒いのか』には、その答えが書かれている。

海外では木目のピアノが一般的であるが、日本では圧倒的に「黒」が多い。それは小学校で目にしているピアノが黒かったためであるという。

木目より黒に塗装したピアノは値段が安かったため、幼稚園や小学校では黒のピアノを揃《そろ》えた。学校で黒いピアノをいつも目にしているため、私たちはピアノというと「黒」を連想してしまうそうだ。

さらに、子どもはみんなと同じものをほしがる傾向にあるため、どんどん黒いピアノが増えてしまう。それにピアノは安い買い物ではない。親にしてみたら、高級感のある黒のピアノを購入するほうが自己満足につながると思われる。

確かに音楽家を描いた映画などを見ていると、練習シーンは普通に木目のピアノが登場する。ピアノの色は「黒」と考えるのは、日本人が持っている固定観念なのである。

映画のピアノ演奏シーンなどを見ていると、木目調のピアノが結構でてくる。

謎の色「エレファンツ・ブレス」

１９３０年に発行されたメルツとポールの『色彩辞典』は、４０００を超す色名が紹介されている。そこで「エレファンツ・ブレス（象の息）」という不思議な色が紹介されている。この色は色名だけが残っていて、実際どんな色だったかはわかっていない不思議な色なのだ。

果たしてどんな色だったのか？

読者の方はどんな色を想像するだろうか？

かなりインパクトがある色名なので、色彩の世界に投じた衝撃は強く、複数の書籍でも謎の色として紹介されている。

「ゾウの息って何色だ…
ピンクかな、深い緑かな？」

福田邦夫氏の『奇妙な名前の色たち』という書籍では、この「エレファンツ・ブレス」のことが取り上げられ、数ページにわたり解説されている。またこの色は、短編小説の題材にもなっている。謎の色彩である「エレファンツ・ブレス」の正体を確かめるために、主人公たちが奔走する内容で、謎の色を題材に広がりをみせる。謎の色がこのような形で派生していくのはとても興味深い。

本来、色は自然にある草、木、花、果実、動物、昆虫、鉱物などから名づけられる。その一方で「エレファンツ・ブレス」のようなイメージや想像からつけられるものも存在する。

自分で色を作り出すことも、色の楽しみ方のひとつである。せっかくなので、新しいインパクトのある色を考えてみてはどうだろうか？

「ボクも色を作ってみたよ。
名づけて『ゼブラキック』」

ホワイトハウスはなぜ白いの？

ホワイトハウス内には、グリーン、ブルー、レッドで彩られた部屋が存在する。

アメリカの首都ワシントンにある大統領公邸「ホワイトハウス」。その名の通り、真っ白い建物として有名だが、なぜ「白」なのだろうか？

ホワイトハウスは第2代大統領ジョン・アダムズのときに完成したが、そのときは特に白い建物ではなかった。1812年の米英戦争のときに英軍の攻撃により焼失してしまう。当時の第4代大統領ジェームズ・マディスンは焼け残った外壁を使って公邸を再建し、そのときに焼けた外壁を隠すために、白く塗ったのがホワイトハウスのはじまりである。

そして、結果的に「白」に塗ったことで、「誠実な」「明るい」「新しい」政治を印象づけることができ、心理的にもすぐれた大統領公邸になったので

誠実な政治
明るい政治
白
新しい政治

白く塗ったことで、
政治によいイメージを与えた。

ある。

ホワイトハウス内には、色の名前がついたカラフルな部屋がある。中心にはブルールームという部屋があり、ブルーのカーテンやカーペットの装飾がある。応接室的に使われているようだ。

レッドルームは「赤紫」の壁にインテリアが並ぶ派手な部屋。歴代のファーストレディに好まれている部屋だという。また壁が鮮やかな「緑」で塗られたグリーンルームは、食堂としても使われていたが、現在は多目的ルームになっている。白い建物の中にカラフルな部屋があるのもおもしろい。

このホワイトハウスを模倣して、海外には変わった大統領公邸（官邸）がある。アルゼンチンの大統領官邸「バラの家」は、ピンク色をしているので「ピンクハウス」と呼ばれている。過去に対立する「赤の党」と「白の党」の融和をはかる狙いで2つの色を混ぜてしまったらしい。

青い競争馬がいるって本当？

競走馬の毛の色は8種類あって、その中に「青毛」と呼ばれる毛の色がある。しかし本当に全身を青い毛で覆われているわけではない。褐色の馬たちに混じって青い色をした馬が走っていたら不気味である。

青毛は全身を真っ黒の毛で覆われた馬で、競走馬の中でもほんの数%しかいない希少な存在。一見、黒く見える馬たちは「黒鹿毛」もしくは「青鹿毛」という種類で、褐色の色をした「鹿毛」と呼ばれる毛色の仲間である。

では、なんで真っ黒い毛を「青毛」と呼ぶのだろうか？

これには諸説あるが、「黒」の馬は不吉なものとして忌み嫌われる時代が

「青光りしている馬ってなんか速そうだよね」

「芦毛」の馬は最初はグレイや褐色だが、年齢と共に白くなっていく。

あり、そのため「青」が代用されていたという説がある。真っ黒い毛は光の加減で青光りして見えることがあるからだ。「青毛」という言葉は、古くは奈良時代からある。

他の毛色では「芦毛」と呼ばれる毛色がある。若いうちは「グレイ」に見えるが歳を取るとしだいに「白」に変化していく毛色である。あのオグリキャップも芦毛であり、レースに出ていた頃はグレイだったが、晩年は真っ白くなっていた。

また「青毛」よりも珍しい色に「白毛」がある。誕生したときから真っ白で、日本の競走馬の中にはほんの数頭しかいない。よく誤解されるがアルビノ（118ページ参照）ではない。

第4章

色の由来

色が入った言葉や色を使ったもの。色を決める背景には様々な理由がある。サンタクロースが赤になった理由や「赤の他人」の赤の意味など、ここではおもしろい色の由来を紹介したい。

運命の赤い糸はなぜ赤い？

日本では「運命の赤い糸」という言い伝えがある。将来結婚する人とは小指と小指に見えない赤い糸で結ばれているという。見えないのに赤い糸というのは不思議な話である。

「運命の赤い糸」の話は、昔の中国で書かれた『太平広記』に登場する。

青年が縁談相手と会うために出かけていくと、途中である老人（月下老人）に出会う。老人はその縁談がうまくいかないと告げ、結ばれるべき相手とは「赤い縄で足と足が結ばれている」と言って、青年と赤い縄が結ばれているという貧しい幼女を紹介した。

「この赤い糸の先には……
どんな素敵な子が…
ちょっと引っ張ってみよう」

すると怒った青年は幼女を殺すように命じ、殺害には失敗するが幼女の額に傷をつけてしまう。そして数年後、青年は上司の娘を紹介され結婚をすることになったが、その娘の額には、あのときの傷がついていたという話である。

この話が日本に入ってきて、縄が糸になり、約束を結ぶときに使う小指を結ぶと変化したと考えられる。

「赤」というと、昔の中国では幸せを呼ぶ尊いものとして考えられていた。また中国のお正月や結婚式には「赤（紅）」をふんだんに使う。花嫁衣装は赤一色であり、赤の箸を嫁入り道具として持っていく風習もある。

したがって、運命の糸（縄）は見えなくても、赤い色をしていたと考えられている。

「紅一点」の「紅」って何？

「紅一点」の本来の意味では、特に女性を指しているわけではなかった。

いつしか、女性をたとえるようになり、男性の中で女性がひとりだけいるときに使うようになった。

日本には色にまつわる言葉がたくさんあるが、「赤」を使った言葉で「紅一点」という言葉がある。男性ばかりの中に女性がひとり交ざっているときに使う。

この言葉の由来は中国の詩人である王安石が作った詩にある。

「万緑叢中紅一点、人を動かす春色は須《すべから》く多かるべからず」

緑の草原に一輪のザクロの花が咲く

ことだけで、春の風景は人を感動させてしまうという内容である。

この言葉が日本に入ってきた当初は、たくさんある中でひとつだけ異色の存在があることのたとえや、大勢の中で一人だけ秀でた才能があるときを指すものであり、特に女性に使われるものではなかった。

ところが花ということもあって、いつしか女性をたとえるようになり、男性の中でひとり女性がいる意味で使われるようになった。

「紅一点」と言われると、女性を強調して男性側をやや粗雑に扱っている言葉にも聞こえるが、女性が花なら男性も緑の草原なのである。

また、「紅」は本来、ベニバナで染めた鮮やかな赤色のことをさしている。「赤」の中でもよいイメージのものをいう場合、厳密な色をいうのではなく「紅」と使うことがある。「紅白」などがその例であり、「赤」と「白」の意味だが「赤白」とは使わない。

このように、「紅一点」はいつしか意味が変わってしまった言葉のひとつである。

「黄色い声」って、声が黄色なの？

なぜ、甲高い声を「黄色い声」と言うのだろう？

女性や子どもの甲高い声を「黄色い声」と言うことがある。なぜ高い声を「黄色」と言うのだろうか？

この「黄色い声」の語源には、様々な説がある。ひとつは金属をこすったときに出る甲高い音が、女性や子どもの声に似ていることから「金切り声」となり、そこから転じて「黄色い声」になったというもの。

また別の説では、古代中国の経典に由来するというものもある。古代中国では、音の高低に音符ではなく色で印をつけていて、一番高い音の印が「黄色」だったという説がある。

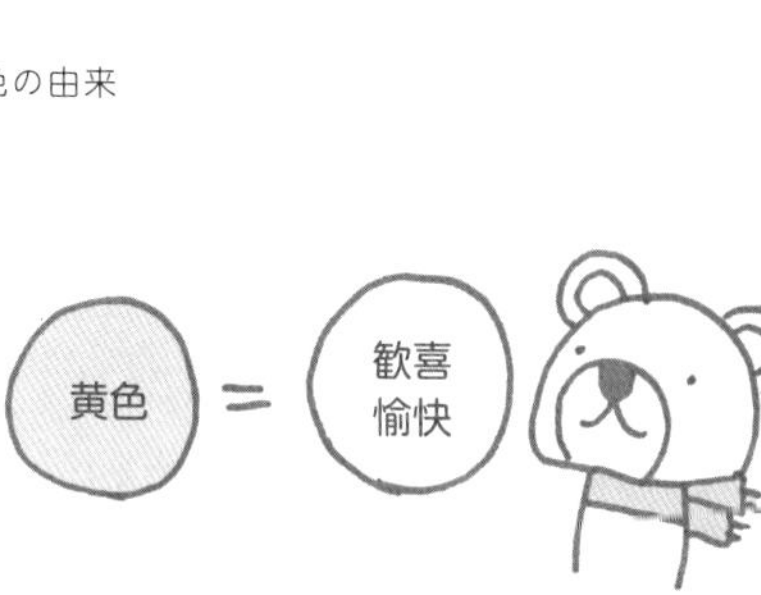

「歓喜」や「愉快」である声は「黄色」のイメージとも合う。

日本には中国から由来する言葉が数多くあるため、この説は信憑《しんぴょう》性がありそうだが、私たちがイメージする「黄色」の色目とは大きく異なる可能性もある。また、古代中国では「黄色」はとても高貴な色だったため、「黄色い声」と結びつけるには言葉の使い方が大衆化しすぎている気もする。

江戸時代に書かれた『浮世風呂』の中には、男性が風呂で歌う声を「黄色い声」とする記述がある。江戸時代には他にも「白い声」など五色の声が使われていたようだ。

このように、はっきりとした由来は不明だが、多くの人が「黄色」に持つイメージの中には「歓喜」「愉快」などがあり、甲高い声と合わせるのがもっともしっくりくるだろう。ちなみに吐息は「青い」である。

サンタクロースはどうして赤いの？

クリスマスシーズンになると大活躍するサンタクロース。彼が赤い服を着ているのにも理由がある。サンタクロースのモデルになったと言われているのが、4世紀の司教ニコラス（ニコラウス）。彼は貧しい家の煙突から金貨を投げ入れ、それが暖炉にあった靴下に入ったという。

その話から、子どもたちにプレゼントするサンタ像ができあがったのだが、昔の資料を見ると、必ずしも赤い服を着ていたわけではない。

中には青い服や緑、紫の服を着ているサンタの資料も見つかっている。特

「ムラサキのサンタは嫌だなぁ。
ソリを暴走しているイメージが…」

にサンタの服は「赤」と決まったものではなかった。

ところが１９３１年にコカ・コーラ社が宣伝に用いるために、サンタクロースに自社のイメージカラーである赤い服を着させた。白いひげ、小太りの赤いサンタの広告は全世界の人々に、「サンタは赤い服」というイメージを植え付けたと言われている。

「赤」と「白」のコントラストはコカ・コーラ社のコーポレイトカラーそのものであり、サンタを起用した広告はその後、30年以上も続いた。

もし、サンタクロースが紫色のコーポレイトカラーの企業と結びついていたら……。想像するだけでも恐ろしい。

赤い服を着たサンタがコーラを飲む広告は全世界にサンタのイメージを植え付けてしまった。

「素人」と「玄人」の色

「ダメだ。カメラ壊した。
ボクは素人だ…」

一定の知識や技術を持たないアマチュアや経験の少ない人のことを「素人」という。この素人の由来は、「白人《しろひと》」。

平安時代、街には芸を見せて金銭を得る遊芸人がいて、遊芸人の中でも芸を持たない人を白人と呼んだ。また、芸がないので白塗りをした遊芸人（遊女）のことを言うとの説もある。そうして、江戸時代に「しろうと」と音が変化し、「素人」という字があてられたと言われている。

つまり、素人の色といえば「白」。何も身についていないという意味で「白」を使っているのだ。

この「白」の使い方は、海外でも使われている。何もしていない人、手に職をつけていない人を韓国では「白手」と呼んでいる。

一方、ある分野に精通した人、経験豊富な人を「玄人」という。玄人の由来は「黒人《くろひと》」である。

「玄」は何度も染めた「黒」のこと。インクや染めなどは、色を重ねていくと「黒」のような深い色になっていくことから、経験豊富な人を指すようになった。

また、別の説では、僧のことを指しているという説もある。昔の中国では徳の高い僧は黒衣を着ていた。奥深い黒は「玄」とされ、黒衣を着ている僧を「玄人」と呼ぶようになったという。

どちらにしても、「玄人」の色は「黒」であり、深い黒をいうのである。

「玄人になったけど、
やっぱりカメラ壊れた…」

「白黒つける」の白と黒

「まま、黒をお使いください」
「いえいえ、どうぞどうぞ…」

物事の優越、正邪など、はっきりと決着をつけることを「白黒をつける」という。一般的な言葉だが、正しくは「黒」を先にして、「黒白《こくびゃく》をつける」というのが本当の使い方である。

現在では「白黒」の方が一般的であり、「こくびゃくをつける」と言う人をあまり聞いたことがない。

この言葉は囲碁の世界に由来がある。ご存じの通り囲碁は、「黒」と「白」の石を使っておこなう陣取りゲームで、約4000年前に中国で誕生したと言われている。

囲碁は上級者が「白」の石を持ち、「黒」から先に打ち始める。ゲームの性質上、先手が有利になるからである。

「黒」を持つのは弱いほうで、「白」を持つのは強い人という図式ができる。このことから、どちらが強いかをハッキリさせたい場合、どちらが「白」を持つかという意味で「黒白をつける」という言葉が生まれたという。

ちなみに、囲碁から生まれた言葉はとても多い。「定石」は囲碁用語で最善とされる一定の打ち方のこと。「駄目」もその場所に石を置いても無駄になる目からきている。「一目を置く」「手違い」「活路を見いだす」などもそうである。また、「素人と玄人」も囲碁から来ているという説もある。

白の碁石のほうが黒より
小さく作られている。白は膨張色で
大きく見えるからである。

パトカーはどうして「白」と「黒」？

パトロールや犯罪の予防活動にあたっているパトカー。昭和25年にアメリカ軍からオープンカーをゆずり受けたのが始まりとされている。

最初は白い車だったが、一般車両に「白」が多かったため、昭和30年に下半分を「黒」にするツートンカラーにしたものが現在の原型である。

「黒」と「白」にしたのは、昼間と夜のどちらでも見分けがつきやすいようにとの狙いである。また、道路の舗装が完備されていなかったので、下半分を「黒」にすることで汚れを目立たなくするという賢いテクニックも隠されている。

白と黒のツートンカラーなら、昼も夜も遠くから見える。

ちなみに、パトカーの屋根に書かれている文字は、所属を明記してあり、緊急配備などの指示をヘリコプターから受ける際に活用されている。

また、警察バイクは大正７年に誕生したが、赤く塗られていたために当時は「赤バイ」と呼ばれていた。昭和11年にヨーロッパやアメリカの白バイにならって、白く塗り替えられたという。

「白」は膨張色であり、遠くからも目立つこと。そして、「白」に対するイメージがよいことも採用された理由としてあるようだ。

白バイは昔は赤バイだった。
赤バイの新型を
ちょっと見てみたい気もする。

国会の投票はなぜ「白」と「青」なの？

国会の本会議における投票では、議員の氏名が書かれた木札に「白札」と「青札」が使われる。色で賛成なのか、反対なのかがすぐわかるというシステムになっているのだ。

しかし、この色の選定は考えものである。賛成は「白」で、反対は「青」だが、色彩心理的には双方「賛成」という意味がある。

「白」は「反論意見なし」というイメージで賛成にふさわしい。また、「青」は「進めてほしい」「信頼する」という意味があり、こちらも心理的に賛成する印象がある。実際問題として、ある議員は賛成する予定だったが、拍手と喝采に気を取られ、無意識に青札を手にしてしまったこともあった。

「白と青、どっちが賛成だっけ？」

なぜ「白」と「青」の札を使うのかというと、フランス議会の投票形式を模倣したのではないかと言われている。フランス議会では、国旗の色から「白」を賛成、「青」を反対、「赤」を棄権としていたからである。であれば、なおさら、日本が反対票として「青」を使う意味はない。

また、国会の色と言えば、国会議事堂内の「赤絨毯」。幅１・８ｍの絨毯が４０００ｍ以上も使われているという。

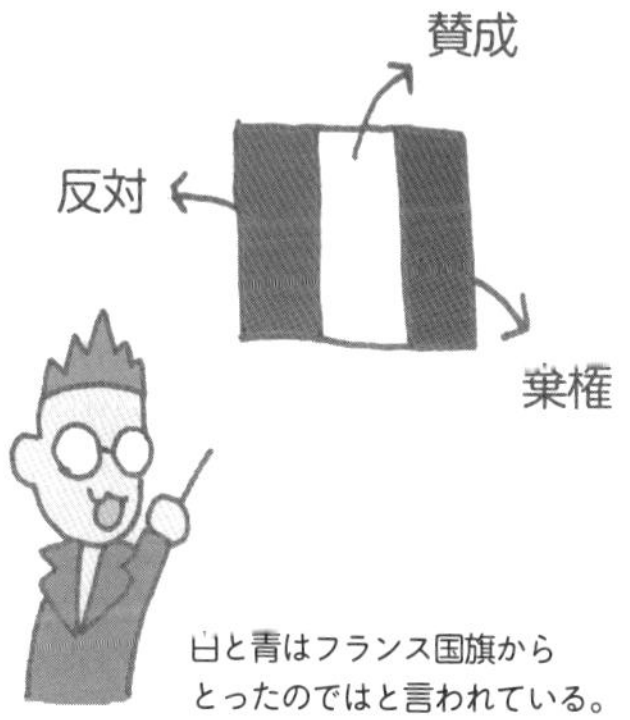
賛成
反対
棄権
白と青はフランス国旗から
とったのではと言われている。

なぜ赤い色を採用したのかは、記録として残っていないようだが、英米の王室でも使われている「ロイヤルレッド」を基にしたのではないかと言われている。「ロイヤルレッド」は「権威」や「高貴な象徴」として使われるが、いまの国会議員には他の色の絨毯のほうがよいのではと思ってしまう。

黒幕はなぜ黒いの？

フフフ…
ニャー
黒幕というと
こんなイメージが…

決して表舞台に出ることなく、裏で大きな影響力を持つ「黒幕」。最高権力者がいる裏で、自分の思いどおりに糸を引いているような人物である。

主に政治の世界などで使われることが多く、「黒」という色からも、そうとう悪いことをしている人、非常に強い力を持っている人に思えてしまう。

「黒幕」という言葉は、実は歌舞伎用語である。その名の通り、大道具で全体が黒い幕のことである。

通常、夜をあらわすもので、背景に黒幕が張られると夜の場面になったことを示す。黒幕には小さなサイズのものもあり、舞台で死んだ人を消すために登場し、そのまま役者と一緒に消えるときに使われる。また、人形を使う芝居では、人形を操る人を隠す役割で使われている。

つまり黒幕は、観客には見えない存在であり、芝居を陰でつくる役割がある。そこから転じて、舞台裏から影響力を持つ興行主などの存在を「黒幕」と言うようになった。黒幕の「黒」は、「見えない」という意味であり、悪い意味ではなかったのだ。近年、悪いたとえばかりに使われるようになったため、「黒幕」自体が悪いイメージになってしまったようだ。

ちなみに、歌舞伎の舞台で黒い頭巾をかぶって登場する黒子は、正しくは「黒衣《くろご》」と言う。黒衣の「黒」は、「透明」の意味であり、見えない人という設定である。

黒衣は「透明」という存在。

昔の喪服は「白」だった!?

遥か昔、『日本書紀』の時代、喪服は「白」であった。ところが、平安時代に直系二親等以上の喪の際には、墨染めの色を着用するという定めにより、人々は黒の喪服を着るようになった。

これは中国の皇帝の喪服「錫衰《しゃくさい》」に由来する。錫衰は灰汁《あく》で処理した麻布のことで「白」なのだが、このとき「白」を「黒」と勘違いしてしまい、それが浸透してしまったらしい。平安時代の宮廷生活を描いた『源氏物語』にも喪服として濃い墨染めの服が登場する。

再び室町時代には、喪服は「白」に戻る。江戸時代の喪服は白の裃《かみしも》、女性は白無垢の小袖に白帯を着るのが一般的であった。

江戸時代の男性は
白の裃が喪服だった。

ところが明治30年に英照皇太后の葬儀がおこなわれたとき、世界から国賓が参加することを受けて、政府は西洋風の葬儀を導入したと言われている。そのときに参列者はヨーロッパの葬儀で一般的だった黒の喪服を着用したという。

女性は地域によって、白い喪服に白い布をかぶるなどの風習もあった。

それから、男性は黒紋服に袴《はかま》を着るようになったが、女性はまだ白を着ている人が多かった。女性も黒い喪服を着るようになったのは、日清・日露戦争が激しくなってきたころからだという。戦争によって、葬儀が頻繁におこなわれるようになり、喪服の洗濯が追いつかなくなってしまったのだ。

「白」の喪服では汚れも目立つ。そこで、貸し衣装屋が黒い喪服を貸し出すようになり、黒い喪服が一般的になったと言われている。

裁判官はなぜ黒い服を着るの？

裁判官は黒い法服を着用する。黒い法服には「どんな意見にも染まらない」という意味がある。裁判官には「不動の正義」という考え方があり、周囲の圧力に屈しない正義を貫く思いがあるのだ。

「黒」は心理的にも外部からの圧力から自分を守る効果がある。外部の影響力を除外して自分の意見をまとめるのに向いているのである。

そして、「黒」は人に影響力を与える色でもあり、黒い服を着た裁判官に諭される効果は大きい。被告人が罪の重さを実感するのに、黒い服が役立っ

裁判官の黒い法服には
「どんな意見にも染まらない」
という意味がある。

ていると考えられる。

また、ある裁判官は、「黒」は「染まらない」だけではなく、様々な主張に耳を傾けて、その都度自分の心を何十にも塗り重ねた結果の「黒」だと言う。様々な色を重ねることで色は濃くなり、「黒」に近づいていくことを言った見事な意見である。人が人を裁くことの難しさ、深さを感じさせる。

ちなみに、イギリスのバリスター（法廷弁護士）は黒い法服に加え、音楽家の肖像画にでてくるような白いカツラを着用する。白いカツラを弁護士事務所から持ってくる姿も奇妙であり、法廷でカツラをかぶるのも不思議な光景である。

カツラは貴族の身だしなみであり、特権階級の象徴でもあった。その慣習が現代の法廷でも残っているのは興味深い。

イギリスの法廷弁護人は
昔の音楽家のような
白いカツラを
かぶる慣習がある。

「黒」の反対語は何色？

「黒」の反対語と言うと、多くの人は「白」と答える。相撲では「白星」と「黒星」など、「白」と「黒」を対比させている。海外でも悪い魔術を「黒魔術」と呼び、よい魔術を「白魔術」と呼ぶことがある。また、絵の具の性質から言っても、「白」と「黒」を使いこなして、色を暗くしたり、明るくしたりする。ところが、色の生い立ちを見るとちょっと違ってくる。原始の日本では、色名は「白」「黒」「赤」「青」の4色しかなかった。

「黒」は太陽が沈んだ状態の「暗い」「暮れる」から生まれた。「くらい」「くれる」が「くろ」に変化したと言われている。一方、太陽が昇った「明るい」

「色名の生い立ちから考えると黒の反対語は、赤になります」

「明ける」状態、「あかるい」「あける」から「赤」が生まれた。「黒」と「赤」は明るさに応じて逆の意味をあらわす。つまり、色の意味から考えると「黒」の反対語は「赤」なのである。

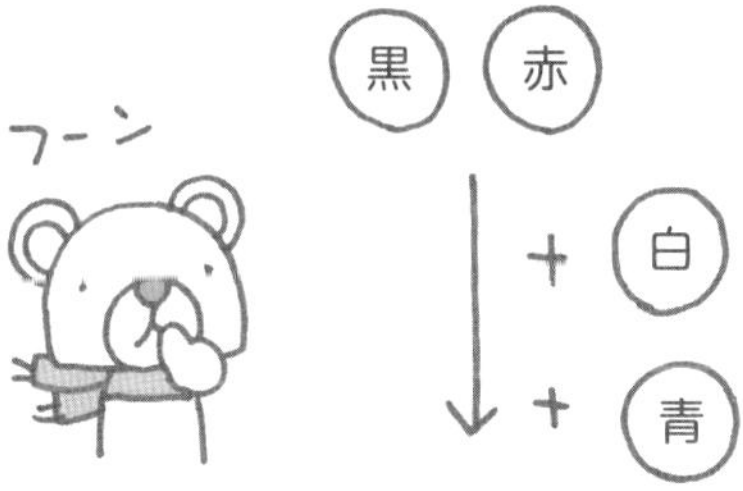

黒と赤が生まれて、白が加わり、そして青が加わった。

「白」は、「黒」と「赤」が誕生した後に生まれたと言われている。「白」には、「はっきりと見える」という意味の「顕す（あらわす）」という意味があり、「しる（知る）」「しるし（印す）」という言葉から「白」になったという。

そして、覆われてはっきりとはわからない「漠（ばく／砂漠などに使われる）」、「淡い（あわい）」から「青」が生まれたと言われている。「藍（あい）」から転じたという説もあるが、「青」は「灰色」を含む広範囲の中間色をさす言葉であったのだ。

他人と言えば、なぜ「赤」なのか？

まったく関係のない人を「赤の他人」という。なぜ、「青の他人」や「緑の他人」ではなく、「赤」なのか？　まったく知らない相手というイメージならば、「白の他人」のほうがなんとなくわかりそうだ。白には「白紙」のような使い方もある。

前項で説明したように、「赤」には「明らか」という意味がある。つまり、「赤の他人」とは、「赤い色をした他人」ではなく、「明らかに知らない他人」という意味で使われているのだ。また、「赤」の持っている強いイメージが「他

「なぜ他人と言えば
『赤』なんだろう？」

強調
真っ赤なウソ
強調
ボク芸能人の友人がいる

真っ赤なウソも、「赤」は「明らかな」という意味から。

人」を強調する意味でも好ましい。本当に関係のない感じを出しているのである。

この流れで考えるなら、少しだけ知っているかもしれない人、関係があるかもしれない人のことは「青の他人」と呼んでもよいはずだ。「赤の他人」と「青の他人」を使いわけるとおもしろいだろう。

「真っ赤なウソ」や「赤っ恥」も同じ語源で使われている。「真っ赤なウソ」は「赤」で強調して、さらに「真っ赤」というのだから、相当のウソである。

「赤っ恥」は失敗して顔が赤くなるからではない。「あきらかな恥」なのである。

緑なのに「黒板」って、どうして？

名前と実際のものがあっていないものがある。たとえば、「黒板」はそのひとつだ。

「黒」と言っているが、「黒板」は黒くない。「深緑」かあまり鮮やかではない「エバーグリーン」のような色をしている。

なぜ「緑色」なのに「黒板」と呼ぶのだろうか？

それは黒板の歴史を振り返るとよくわかる。黒板は、18世紀のフランスで使われ始め、19世紀になるとアメリカにも伝えられた。明治初期、日本で学校制度が始まるのと同時に、アメリカから「ブラックボード」が持ち込まれた。その後、日本でも製造が始まったが、墨汁を塗って上から防腐効果や強

昔、黒板は黒かった。

度効果のある柿渋を塗った簡易的なものだった。この頃の黒板は本当に黒く、大正時代には黒板メーカーも誕生し、量産態勢が強化されていく。

しかし、黒い黒板は目に悪く、長時間見ているのには向かなかった。そこで昭和29年、日本工業規格（ＪＩＳ規格）によって、黒板はダークグリーンの色に替わるようになったという。「ダークグリーン」はチョークの「白」とも相性がよく、遠くからも見えて、長時間見ていても目が疲れにくい色なのだ。

こうして「黒」から「緑」に変化した黒板は、昔の名前だけが残っているのである。

最近はカラーチョークが増えてきたが、地が緑なのでチョークの色によっては見えにくくなる問題もある。たとえば、青いチョークは近くだと見えにくく、遠くで見るほうが見えやすいと言われている。

たとえば、昔の名前が残っているもの。
井戸端会議
筆箱
下駄箱

ウエディングドレスはなぜ白いの？

ウエディングドレスの白は純潔の象徴。
白無垢の白は何も塗られていない無垢の意味。

ウエディングドレスは古くから存在したが、白いウエディングドレスを着るようになったのは、18世紀頃のヨーロッパからだと言われている。

ウエディングドレスは本来、キリスト教における婚礼用の衣装であった。長袖や長いグローブ、顔を隠すベールがあるデザインは、肌の露出を極力抑えることが求められる宗教的な背景のためである。

現在では宗教的な規制が薄くなり、肩や背中をみせるデザインのものも多いが、キリスト教にとって「白」は、神の栄光や清らかさを表現するものであり、処女や純潔の象徴でもあるのだ。

白のウェディングドレスが広まったきっかけは、１８４０年のイギリス、ビクトリア女王の挙式だと言われている。当時流行だった白のドレスで結婚式を挙げた様子が、新聞や雑誌で大きく取り上げられたことで、民衆の「白」に対する憧れを高めてしまったという。

日本でも室町時代から婚礼では白無垢を着る習慣がある。何色にも染まっていない純粋無垢の意味であるが、家から出ることは死を覚悟することでもあり、「白装束」の意味もあったようだ。

本来、この白無垢は、３日間着てから色のある着物に着替える習慣だった。ところが次第に短くなっていき、今では「お色直し」として披露宴だけで済ませてしまうようになったのである。

「ボクも背中が開いたドレスほしい…」

「何に使うの ??」

白旗が白い理由

戦う意志がないこと、降伏を意味する「白旗」。白旗をかかげた相手には攻撃を加えてはいけないと「戦時国際法」にも明記されている。

白旗が白いのは、「白」が負けという意味を伝えているのではない。白い旗を出すことで、相手の国旗を描いてもかまわないという意思表示なのである。

「白」には「無垢」という意味もある。枯れた戦地では目立つ色であり、遠くからでも見えるので意思表示に向いているのだ。

他にも、中世ヨーロッパの教会の行事、「ホワイト・サンデー」にちなん

白だと遠くからでも見える。

だという説もある。この日は教会の権威のもと、どんな戦争も休戦となる。「白」が休戦を意味するようになったというものだ。

さらに、ある戦いで負傷者が白い包帯を振って降伏の意思表示をあらわしたのがはじまりだという説もある。

日本における白旗のエピソードとして、ペリーが浦賀に来航した際に、幕府に白旗を贈り、「開国するか、和睦・降伏するなら白旗をあげろ」と言ったという逸話もある。

歴史研究家に言わせれば信頼度の低い話と言われているが、新しい歴史教科書にも紹介されており、白旗をめぐる論争が起こっているのだ。

負傷兵が包帯を振ったのが
由来という説もある。

色男の「色」って何色？

「色男の色って白いこと… それは…」

すぐれた容姿の美男子や女性にモテる男を形容する言葉の「色男」。

「イケメン」という言葉がその容姿のことを言うのに対して、「色男」は容姿よりも女性にモテるということを強調するときに使われる。

この色男の「色」とは何色なのだろうか？

夏場に日焼けした男性のイメージなら「茶色」か？

それとも情熱的で、カッコイイ印象のある「赤」のイメージか？

色男の語源は歌舞伎。男女の濡れ場を演じる「濡事師」を色白の美少年にみせるために、顔を白く塗ったことにある。この「濡事師」はいつしか「色男」と呼ばれるようになった。つまり色男の「色」とは、「白」のことをいうのである。

「色男」は色白の美少年である必要があり、さわやかでも色が黒い男性には使わない。

また、昔からのことわざで「色男、金と力は無かりけり」というものがある。女性にモテるような男は、金も力もないものだという意味だが、色男が色白の男性ならなんとなく納得してしまうのではないだろうか。

「ええ、まあ、
お金も力も
ないですけど…」

ブルーリボン賞はなぜ「ブルー」？

日本映画の年間最優秀作品に与えられる賞のひとつに「ブルーリボン賞」がある。これは在京のスポーツ新聞社7社の映画担当者で構成される東京映画記者会が制定する賞である。

「ブルーリボン賞」は、戦後間もない1950年に創設され、記者たちが手作りで作り上げる映画賞としてスタートした。このとき受賞者に贈られたものはブルーのリボンで結わいた賞状だけで、それが「ブルーリボン賞」の由来になっている。

なぜブルーのリボンなのであろうか？

元々、競技会などの最高位を「ブルーリボン」と呼ぶことがある。これは、

「日本アカ、いや、
ブルーリボン賞を頂いて
光栄です」

イギリスのナイトに与えられる最高勲章の「ガーター勲章」から来ているものである。この勲章は、鮮やかなブルーの大綬（章を下げるリボン）を付けることから、別名「ブルーリボン」と呼ばれているのだ。

「ガーター勲章」にはある言い伝えがある。イギリスの国王エドワード3世が、ある舞踏会で貴婦人と踊っていたところ、夫人の青い靴下止め（ガーター）が外れて床に落ちてしまった。周りの人々はこれを見て忍び笑いをしたが、エドワード3世はその青いガーターを拾い上げると、自分の足に結び「他人を悪く言うものに災いを」と言ったという。

この騎士道精神が、ガーター勲章、そしてブルーリボンの根底にあると言われている。

映画評論家に左右されることなく、自分たちの目でよい映画と判断して決めた映画賞。その誇りが垣間《かいま》見られる映画賞なのである。

最高勲章の「ガーター勲章」は
ブルーの大綬を付けることから
「ブルーリボン」と呼ばれている。

青信号なのに「緑」なのはなぜ？

「なんで緑なのに青信号なんだろう？」

交通整理をおこなう信号機の色は「赤・青・黄色」でだれでも知っているものである。ところが、よく見てみると「青」ではない。信号機は「緑」なのである。「赤・緑・黄色」は基本的に世界共通であり、どこでも同じ色で交通整理がおこなわれている。なぜ私たちは、緑の信号を「青」と呼んでいるのだろう？

昭和5年、信号機がはじめて登場したときは「緑」と呼んでいたが、一般の人々と新聞は「緑信号」ではなく「青信号」と呼ぶようになった。そして、「青信号」

が定着してしまったのである。

これにはいくつかの要因があると推測される。元々日本人は緑の野菜を「青物」というように、「緑」と「青」の区別を明確にはしない民族であった。また、「緑」は「進め」ではなく、「進んでもよい」という「許可」を表しているが、心理的に「青」のほうが「進む」という「指示」に向いている。

昭和22年には、法令でも「緑信号」を「青信号」としたため、「青信号」という呼び名が公式になってしまい、より民衆に浸透してしまったのである。

世界共通の色だけに、色彩文化的にトラブルになる国もある。文化革命中の中国では、改革のシンボルである「赤」が「止まれ」はおかしいと、赤信号を「進め」にしようとする動きがあったらしいが、混乱するので却下されたとのことだ。

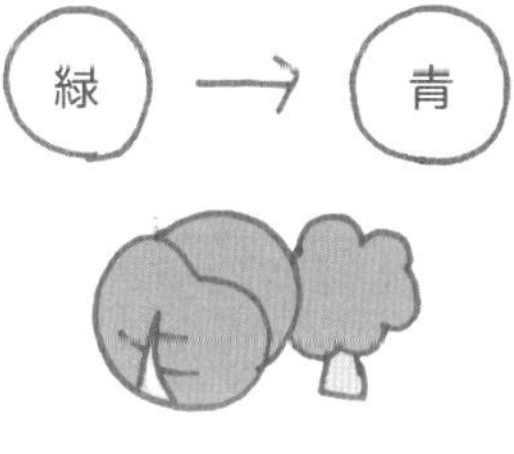

・「緑」より「青」のほうが進むイメージがある。
・「青物」のように「緑」のことを「青」と呼ぶ習慣があった。

絵の具はなんで「ビリジアン」？

「なんの説明もなくいきなり
絵の具に入っているとおどろく」

子どもの頃、絵の具を12色ぐらい買ってくると、「みどり」がなくて「あれ？」と思った人もいるだろう。

「みどり」の代わりに入っているのは「ビリジアン」。同じ緑系なら、なんでこんなややこしい名前の色を使うのか？　そう不思議に思った人も多いはずだ。

そもそも「みどり」と「ビリジアン」は別の色である。「ビリジアン」は、「青々とした」という形容詞で、それがそのまま色名になった。「みどり」よりも深い緑色をしているのが特徴である。

なんでこんなややこしい名前の色を採用しているのかというと、そのすぐれた混色性と発色性によるところが多い。

絵の具は複数の色を混ぜて使うことが多いため、いろいろな色を簡単に作れる色が好ましい。「ビリジアン」は「黄緑」と混ぜると簡単に「緑」を作ることができ、さらに様々な色を混ぜると、自然界にある非常に豊かな緑を表現できる。混色性にすぐれた色なのだ。

また、「ビリジアン」単色でも、「みどり」よりも草、木など自然界の緑に近い色を出すことができる色なのである。

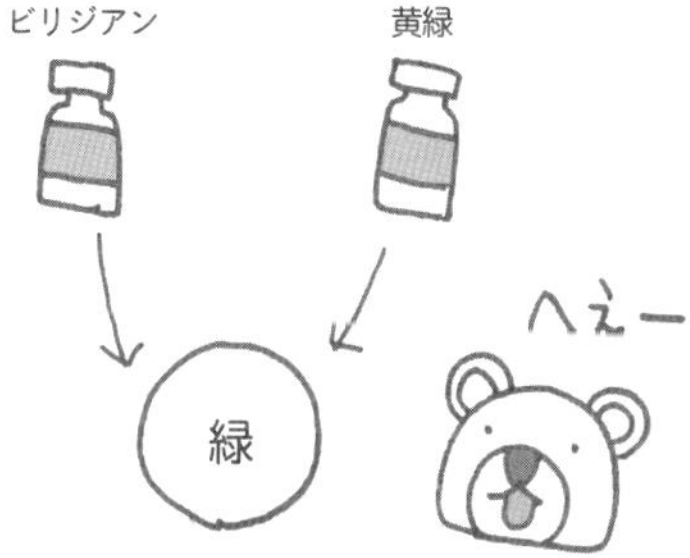

ビリジアンは優れた混色性を持つ。

なんで「赤い」があって「緑い」がないの？

私たちはよく「赤い○○」「青い△△」のような使い方をする。ところが「緑い」や「桃色い」とは使わない。

なんで「緑い」という使い方がないのか？

「い」を付けて形容詞化する言葉は、「白」「黒」「赤」「青」の4色だけである。この4色はもっとも古くに誕生した色（168ページ参照）であり、その由来が「明るい」「暗い」などの状態を示していたので、この4色も形容詞に変化するのである。

その後にできた色名は、「状態」ではなく、主に「物の名前」からとって

「緑は『い』を付けないよ」　「あっ、緑いカエルだ」

いる。したがって、形容詞に変化しないのである。「緑い」「紫い」「橙い」とは使わないのは、色が生まれた時代にもよるのだ。

ところが例外もある。「黄」と「茶」は「色」を伴って「黄色い」「茶色い」と形容詞化する。

これは、「黄色」「茶色」が使われるようになったのは江戸時代からで、比較的古い時代から使われているからではないかという説もある。

たしかに「緑」を使うようになったのは、つい最近のことである。

ブラックボックスは、実は「黒」ではない!?

「何が入っているんだろう」

中身のわからない重要なものが入った箱を「ブラックボックス」という。この場合の「黒」は「見えない」ということを表しているのに加え、「黒」のイメージである「不安」「神秘的」といったものを助長している。単に見えないだけでなく、見えないことに対する脅威をも感じてしまうものである。

航空機に搭載された「ブラックボックス」は、フライトレコーダーとコックピットボイスレコーダーの別名で、航空機事故があった場合、のちに回収される。

コックピットの音声や飛行状況を知ることは、事故原因の究明に役立つことが多いため、本体は墜落に伴う衝撃に耐えられるように高い衝撃性、耐熱性、耐水性を持つ。摂氏１１００度の火に対しても一時間耐えられるのだ。

この「ブラックボックス」、名前に反して外見は「黒」ではない。鮮やかな蛍光塗料を塗った「オレンジ色」をしているのである。

それは容易に発見できるようにと誘目性の高い色を使っているのである。「オレンジ」ならば、飛行機の部品と混同することも少ない。

実際、大きな事故が起きても回収できなかったことは稀《まれ》で、位置を知らせてくれる発信器が搭載されているものもある。

「ブラック」という中身が見えないイメージとは対照的に、とてもわかりやすい外装をしているのが興味深い。

航空機のブラックボックスは
実は「オレンジ色」をしている。
発見しやすい工夫がある。

芸人をどうして「色物」というのか？

お笑い芸人を代表に、お笑いに携わるような人のことを「色物《いろもの》」と呼ぶことがある。それはどうしてだろうか？

この言葉は寄席から生まれた言葉で、落語以外の芸をする人のことをいう。漫才、手品、曲芸などをする人である。

「色物」の由来は複数あるが、もっとも一般的なのは、寄席にある番組表である。落語家と講談師は「黒」で書かれているのに対して、それ以外の出演者は赤文字で書かれている。これが「色物」の由来である。したがって、お

寄席から生まれた色の言葉もある。

笑いに携わる人でも落語家を「色物」とは呼ばないのである。

赤文字で書いているので「赤物」でもよいわけだが、「色」と表現するほうが多彩な芸を持っているイメージになる。芸の楽しさを表現するには、「色」のほうが向いているのである。

赤だ
落語　二遊亭クマ
漫才　クマゴロー
落語　泣福亭熊夫

色物の由来は、寄席の名簿、番組表にある「赤文字」。

他にも、「色物」の由来は、芸人の多くが落語家と比較して派手な衣装を着ていることもあり、鮮やかな色の服を指して「色物」と呼ぶようになったとも言われている。

色物芸はあくまでも落語の箸休め的な扱いをされることもあるが、色物の芸を楽しみに寄席に行く人も少なくない。多彩な寄席の色は多くの人を楽しませているのだ。

競馬の枠順と色の関係

競馬は一頭ごとに振り分けられる馬番以外に、1から8まである枠に振り分けられていて、馬の番号でも枠でも馬券が購入できるようになっている。

1枠から順に「白」「黒」「赤」「青」「黄」「緑」「橙」「桃」と色分けされており、騎手は枠の色の帽子をかぶることになっている。馬そのものに目をつけてレースを見ても区別がつきにくい。そこで騎手の帽子を見ると判断しやすいとされる。

色分けは、区別のつきやすさを基準に考えられており、競馬だけでなくすべての公営競技でおこなわれている。

並んでも区別が付きやすい色の組み合わせを考えている。

3枠／赤　2枠／黒　1枠／白

最初に枠の色分けを採用したのは競馬で、１９３０年代前半に着順判定の明瞭化をはかるために導入したという。本格的に採用されたのは戦後から、８枠制が導入された１９６３年では、１枠から順に「白」「赤」「青」「緑」「黄」「水色」「茶」「黒」だったが、よりわかりやすい色分けに変更され、現在の色になったのである。

最近、競輪では枠番色を廃止して、車番色を導入し、９車番に「紫」が加わった。「白」「黒」「赤」「青」「黄」「緑」「橙」「桃」「紫」の色設定は、色彩学的にもとても興味深い。

最初の４色は日本で最初に生まれたとされる基本色であり、最後に導入された「紫」は、とても希少な色でなかなか手に入らなかった歴史的背景もある。公営競技を色の視点から見るのもおもしろいのである。

４枠／青

５枠／黄

６枠／緑

７枠／橙

８枠／桃

地下鉄の色ってどうやって決まったの？

東京、大阪、名古屋、福岡、札幌など主要都市には交通手段として地下鉄がある。特に首都圏は営団線で9路線、都営線で4路線が重なりあっている。

この地下鉄路線をわかりやすくするために、各路線には色が振り分けられている。たとえば「赤」は「丸ノ内線」、「オレンジ」は「銀座線」である。

この色分けも考えられて決められているのだ。

新規路線の参入が続けば色も増え、似た色ばかりになると路線図はわけがわからなくなってしまう。そこで1970年に東京都と営団地下鉄（現・東京メトロ）が協議し、似通った都営とメトロの地下鉄の色が調整されたのだ。

色には組み合わせで見え方が異なる「識別性」というものがあり、色分けは考えながらおこなわないと見えにくいものになってしまう。

識別性が使われている例として、家庭にもあるＡＶケーブルは、音声は「白」と「赤」で、映像は「黄色」と決まっている。容易に識別できるよう な取り決めがなされているのである。

ちなみに世界で最初に地下鉄を開業したロンドンにも複数の地下鉄が走っており、日本と同じように色分けがされている。「ブラウン」「グレイ」「ブラック」など、日本にはない色も存在する。

さらに「アンダーグラウンド・ピンク」や「アンダーグラウンド・オレンジ」という、くすんだピンクやオレンジもあり、日本よりも地味な色彩でまとまっているが、線があまり複雑に入り組んでいないのでわかりやすい。

地下鉄の路線図は似た色が多いと困る。これぐらいならいいが…

こうなるとわけがわからなくなる。色分けを考えた設計が必要となる。

神が選んだ色

『旧約聖書』の『出エジプト記』、イスラエル人を率いたモーセがシナイ山で神から十戒の石盤を授かった話は有名である。このときモーセは、神から祭服や献納品などの色も指示を受けたと言われている。

祭服は青、紫、緋色（さえた赤）の毛糸を使うように、そして、献納品は金、銀、青銅、青、紫、緋色の毛糸、白い麻糸、羊の毛を赤く染めたものを用意するように指示されたという。

エジプトでは、変色しない「金」は「永遠」を象徴する色であり、「青」は神の領域である天国と命の源である「ナイル川」を象徴していたという（私たちが知っている「青」とは異なる可能性も示唆されている）。

『旧約聖書』には神が選んだ色が掲載されている。

エジプトでは赤は太陽、白は太陽光線、青はナイル川、金は永遠を象徴していた。

「白」は輝く太陽の光の色、「全能」をあらわす聖なる色であった。「赤」は太陽の色であり、血の色として「命の源」の色と考えられていた。

これらの色はエジプトにもあり、比較的手に入りやすいものだと考えられるが、問題は「紫」であったろう。「紫」はエジプトでは作ることができなかったのである。

「紫」はエジプトの近くのカナーン地方（パレスチナ、東地中海沿岸）の特産品であり、染めには莫大な貝を使うことから、とても貴重な色だった。各地に流通はしていたようだが、手に入れるのはかなり困難な色だったと推測される。

「金」「銀」「青」「青銅」「紫」「赤」「白」は神が選んだ色だと思うと、使うときにありがたみを感じるのではないだろうか。

第5章

眼・脳・光の機能

最後に、眼、脳、そして光が作り出す色の不思議な現象や効果について解説しよう。空が青く見える原理から、緑が目にやさしいと言われる理由まで、幅広く色と光の秘密に迫りたい。

海外で買ったお土産、日本で見ると色が違う？

赤道近くの観光地で見たデザインを
気に入って買っても…

海外で買ったお土産を帰国後に見てみると、「あれ？　色が違う気がする」と思ったことはないだろうか？

途中で入れ替わるはずはないので、気のせいだと思ってしまうだろう。たしかに観光地で気分が高揚していると色も感覚的に違って見える。明るいものはより明るく、デザインの特徴が誇張して印象づけられてしまうものである。

日本で見ると色が違うと
感じることがある。
緯度の差によって、
色の見え方が異なるのである。

ところが、単純にそうとも言えない。本当に見えている色が違う可能性もあるのだ。

私たちは、同じ色のものはどこで見ても同じと思っているが、それは大きな間違いである。色は見る場所で異なって見えるのである。

色の見え方が変わる理由はいくつもの要因がある。その中でも影響力の大きいものに「太陽光」の違いがある。

赤道に近くなればなるほど太陽光は赤みを帯びていて、暖色系の色がきれいに見える。逆に、赤道から離れれば離れるほど太陽光は青紫や青系を帯びてきて、寒色系がきれいに見える。つまり、お土産を買った場所が日本と緯度差があると、違う色に見えてしまうのである。

そのことを考えてお土産選びをしないと、あとで色が異なって見えて、驚いてしまうのだ。

暗いところで目が慣れるのはなぜ？

暗い映画館に入ると座席が真っ暗で何も見えない。ところが、最初は何も見えなかった館内が次第に見えるようになり、座席の場所がぼんやりとわかるようになる。これはどうしてだろう？

暗闇に目がなれる現象を「暗順応」という。これは、網膜内にあるロドプシンというタンパク質が影響している。

私たちは眼の桿体《かんたい》細胞で光を感じる。この桿体細胞にロドプシンがたまってくることによって感度を得る。一定の時間が経つとロドプシンがたまるので目が慣れるのである。

逆に暗いところから明るいところに出ると眩《まぶ》しくて目が見えなくなるが、

明るいところから暗いところにいくと周りが見えなくなるが、次第に見えてくるようになる。
(暗順応／遅い)
暗いところから明るいところにいくと一瞬見えなくなるが、すぐに見えてくるようになる。
(明順応／早い)

次第になれてくる。これを「明順応」という。

暗いところで蓄積されていたロドプシンは、明るいところでは感度が強すぎてしまう。そこで明るいところに出ると眩しく感じる。そして、ロドプシンは光を受けていると分解されるため、しばらくすると普通に見ることができるようになるというわけだ。

暗いところより明るいところのほうが早く慣れる理由は、ロドプシンをためるには時間がかかるが、分解は速い時間でおこなわれるからである。

夕方になると、どうして「青」が目立つのか？

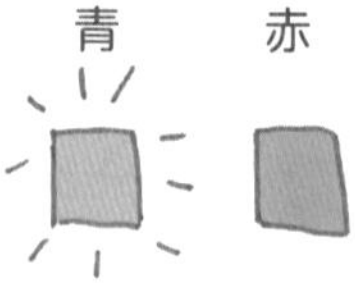

夕方になると、赤よりも青が目立って見えるようになる。これをプルキニエ効果という。

日中は目立つ「赤」だが、夕暮れが近くなるとあまり目立たなくなり、急に「青」が目に入るような経験はないだろうか？

気のせいか、青い看板や標識が目立つようになり、なぜか気になってしまう。実はこれ、視細胞の働きによるものである。

私たちは眼の中に「青」「赤」「緑」を感知する錐《すい》体《たい》という視細胞がある。この細胞によって、様々な色を目で分解して感知している。

日中は錐体が優位に働いていて、特に暖色系の色に反応を示す（誘目性の原理）。ところが、暗くなってくると光を感知する視細胞である桿体の機能が優位になり、錐体の働きが低下し、特に暖色系に反応していた錐体機能が低下するため、相対的に寒色系の機能が向上したような形になる。したがって、暗くなると「青」などの色が目立つように感じられるのである。

この現象をチェコの生理学者プルキニエ（プルキンエ）の名前から「プルキニエ現象」という。

たとえば子どもの安全服は、このプルキニエ現象を考慮した2色展開のものが多い。また、女性が夜に着るイブニングドレスに黒や寒色系の色が多いのも、この効果の影響があるのだ。

「よし、今なら青の柔道着を着れば…目立つ」

なぜ「緑」は目にやさしいのか？

よく「緑は目にやさしい」と言われる。これはどうしてだろうか？

これには複数の要因があり、とても個人差が大きいのだが、主にふたつの要因が考えられる。

ひとつ目は、「緑」に対するイメージの力である。私たちはものを判断するとき、イメージに大きな影響を受ける。「緑」は木々や森など自然を連想させる。そして、「自然は体にやさしいものだ」という固定観念から、緑を見ているだけで心と体が安らぎ、目

自然の緑を見ていると
人は心と体が安らぎ、
目にもやさしい気持ちになる。

逆に、ギャンブルなどを連想して
しまう人もいる。緑がやさしいか
どうかはその人次第のところもある。

にもやさしい効果が得られる（得た気分になる）。この効果は意外と大きく、精神的なものが肉体的なものにも影響を与えることがある。

逆に、「緑」を見て闘志を感じてしまう人もいる。「ビリヤード・グリーン」と呼ばれる暗い緑は、その名の通りビリヤード台の色をしていて、人によってはビリヤード競技やカジノ、麻雀などを連想し、気分が高揚してしまう人もいる。激しい感情が支配してしまうため、その人にとっては、「緑」は目にやさしい色にはなり得ない。

ふたつ目は、緑の光は可視光線の中央部分にあるため、「緑」の錐体だけでなく、「赤」の錐体も「青」の錐体も刺激して知覚される。その結果、単独で機能する「赤」と比較しても「緑」は目の神経に負担のかかりにくい色となるのだ。

このように、イメージの効果と目の機能というまったく異なったアプローチから、「緑」は目にやさしさを与えてくれるのである。

人と鳥は見ているものが違う？

私たちは「赤」「青」「緑」の錐体を持つ「3色型色覚」である。可視できる波長は、電磁波の380〜780nmまでで、「紫」から「赤」までの範囲である。ところが鳥類は、「4色型色覚」を持つ。「赤」「青」「緑」の錐体の他に、「紫外線光」を感知する錐体を持っているため、私たちが見えない色を見ることができるのだ。これにより、鳥は紫外線の反射率の違いで、遠くからでも果実などを見つけることが容易らしい。

アメリカ南部に生息するある鳥のメスは、オスが持つ青い羽の紫外線反射率によって相手を選んでいるという。不健康なオスの羽は微細構造が崩れて

鳥は私たちに見えない色が見える。

動物によって見える世界は異なる。

２色型色覚　　３色型色覚　　４色型色覚

いるため、紫外線反射が十分おこなわれないそうだ。

また、イヌ、ネコ、ウマなどの多くのほ乳類は、「緑」の錐体を持たない「2色型色覚」である。私たちはイヌやネコとも見ている色の世界が異なるのである。

中南米には新世界ザルと呼ばれるサルが生息している。このサルは、人と同じように3色の色覚を持っているものと、2色の色覚しか持たないタイプがいる。2色の色覚と3色の色覚を持つサルにもそれぞれ複数の種類がおり、合計で6種類の異なった色覚型があるという。

同一種で6種類もの色覚型がある。つまり、3匹のサルが並んでいても、3匹ともまったく別の色の世界を見ている可能性があるのだ。

トンネルの照明が「オレンジ」の理由

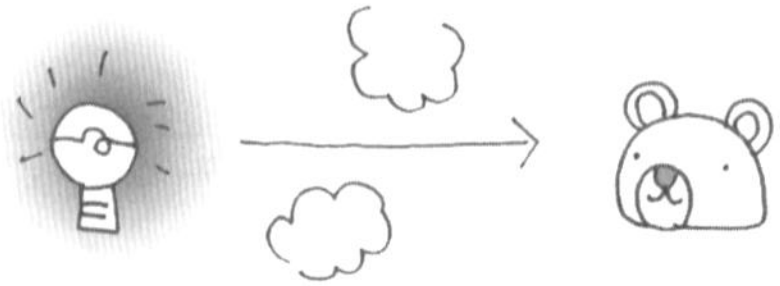

オレンジの光は、光が通りやすい。

高速道路のトンネルにはオレンジの照明が採用されている。オレンジの色を出しているのはナトリウムランプと呼ばれる照明。このランプは、ガス管にナトリウムの蒸気を封入したもので、オレンジ色の光を発するのが特徴である。

このランプを採用している理由はふたつある。

ひとつは、オレンジの光は排気ガスの影響を受けにくく光が通りやすいためである。見通しが悪くなりにくいという安全性を考慮して採用しているのだ。

もうひとつは経済性。蛍光灯や水銀ランプと比較して消費電力が約半分で済み、さらに寿命が長いといった特徴がある。

また照明には虫が群がるという心配がある。虫は特に紫外線に反応するが、オレンジの波長を出すナトリウムランプなら群がらないのだ。

最近、このナトリウムランプに加えて白い蛍光灯の照明が増えている。近年、蛍光灯でもコスト効率のよいものが開発されたことと、ナトリウムランプよりも炭素ガスを排出しないため、ナトリウムランプと組み合わせて、コスト削減、炭素ガス削減の効果も期待して採用されているのである。

ナトリウム灯はコスト的にもメリットがある。

トンネル内の消化器は「オレンジ」でも見えるように赤に蛍光塗料を塗っている。

人が識別できる色数とは？

人はいったい何色、識別できるのだろうか？　世の中にある色を違う色として何色、認識できるのだろうか？

これは研究機関によって大きく数値が異なり、また個人差もあるため、なかなかはっきりしたことは言えないが、総合して判断すると約50万〜１００万色ではないかと思われる。

一説にはもっと多く５００万〜１０００

その中で色名があるのは
約1200色程度。

人が認知できるのは
50万〜100万色。

万色まで識別できるとも言われている。したがって、プラズマテレビの色の再現力が30億～50億色といっても、人間にはあまり意味のない数字といえそうだ。

仮に人間が50万色を識別できるとしても、それはかなり高度な認知能力であると考えられる。

実際、色名がある色はそれよりもはるかに少なく、日本では１２００～１５００程度の色名が存在すると思われる。

目の性能がよいわりには、あまり多くの色を活用していないわけではない。

一般的な日本人が日常的に使う色はわずか15色以下、色に関係する仕事をしている人でも40～50色程度にしかすぎない。新聞、雑誌に登場する色名も約９割は、十数色に集約できるという。

空はどうして青いのか？夕日はどうして赤いのか？

太陽の光には波長の違う光がいくつも存在している。たとえば短波長の光は青い光、長波長の光は赤い光をしている。

太陽光の中でも波長の短い光は、大気中に浮遊している窒素や酸素、炭酸ガス、塵《ちり》、水蒸気などの微粒子にぶつかってしまい、散乱してしまう。一方、長波長の光は微粒子の間をすり抜ける。

空が青く見えるのは、短波長の光が散らばってしまっているためで、遠くからその様子を見ると青く見えるのである。

海や湖の色が青く見えるのも同じ原理。一見、透明に見えるが水中には微

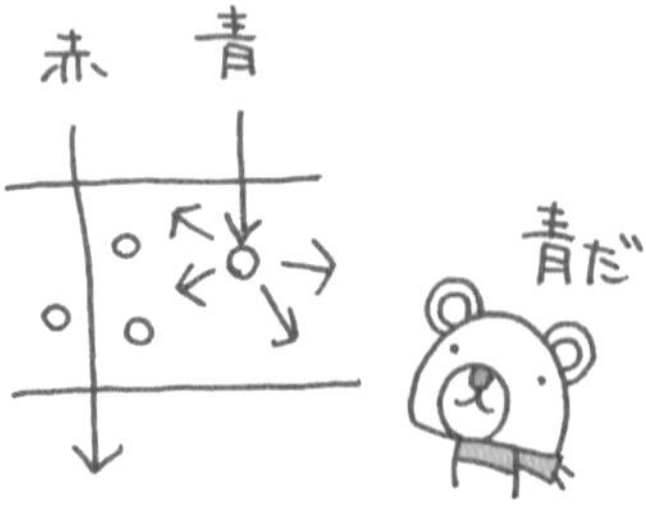

太陽光の中で短い波長の青は微粒子によって散乱してしまい、その結果、空が青く見える。

粒子が浮遊しており、その微粒子に短波長の光が当たって散乱するからなのだ。

ちなみに宇宙空間が暗く見えるのは、微粒子が存在しないためで、太陽の光が当たる物がないからである。

そして、夕日が赤く見えるのも光の散乱のためである。垂直方向よりも水平方向を見るほうが、より長い大気層を通ってきている光を見ることになる。その間の短波長の光は散乱し尽くしてしまい、残った長波長の光が私たちの目に届く。長波長の光は赤みを帯びているため、水平方向に見える夕日は赤く見えるのである。

朝日より夕日のほうが赤く見えるのは、微粒子の量の違いである。夕方のほうが微粒子の量が増えているため、より赤く見えるのである。

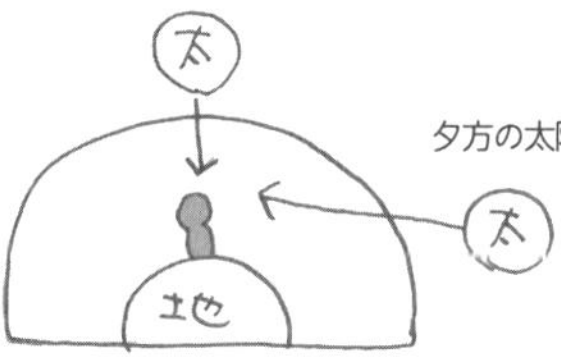

垂直方向よりも水平方向を見るほうが、
より長い大気層を通ってきている。
長波長の光が残り、夕焼けとして空が赤く見える。

色型人間と形型人間

人はものを見て認知するときに、色や形の双方から影響を受けて、「カワイイ」「好き」「嫌い」などの評価を直感的におこなっている。ところが人には、色に影響を受けやすい人と形に受けやすい人がいることがわかっている。

色に影響を受けやすい人を「色型人間」と呼ぶ。女性に多く見られるタイプで、判断基準は色の影響を強く受ける。社会に適合するのが上手なタイプで、自己表現もうまい。ファッションや化粧にも敏感なほうである。感情の起伏が激しく、気分屋の人が多い。

色に影響を受けやすい人と
形に影響を受けやすい人がいる。

子どもはみんな色型で、９歳ぐらいから
色型と形型に分かれてくる。

方、形に影響を受けやすい人を「形型人間」と呼ぶ。男性に見られるタイプで、判断基準は形の影響を強く受ける。理論派で物事を順序立てて考える。感情も安定していて、あまりその場の感情に流されない人が多い。

　これまでの色型人間、形型人間の研究結果では、一般的にほとんどの子どもは色型で、９歳ぐらいになると、多くの子どもが形型に移行するといわれている。その結果、大人の多くは形型であるという。

　また色型から形型に移行するのが早い子どもほど、知的発達が早いといわれている。たしかに、脳の発達経緯から考えると「色の知覚→形の知覚」と発達することから、子どもは色型が多いというのはよくわかる。

　ただし、多くの大人が形型であるかは疑わしい。独自に調査したところ、色型・形型の大人は半々ぐらいであった。

赤ちゃんは色が好き!?

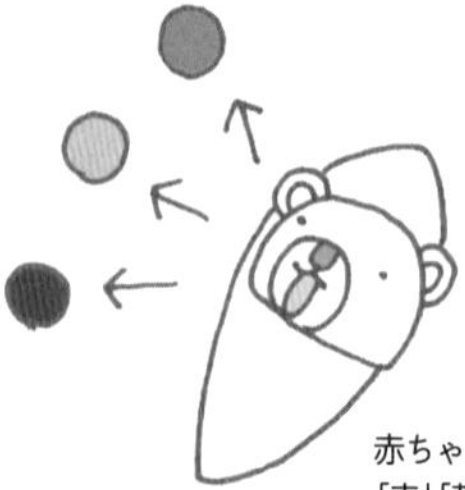

赤ちゃんは生後すぐに
「赤」「黄」「青」といった
はっきりとした色の判断がつく。

大人には「色型人間」と「形型人間」がいるが、子どもは基本的に色型であると考えられている。では生後いつ頃から子どもは色に反応するのか?

世界中の様々な研究機関で赤ちゃんの認知能力については研究が進んでいる。赤ちゃんの視力は極めて低いが、かなり速い段階から色を把握していることがわかっているのだ。

生後間もなく「赤」「オレンジ」「黄色」「青」といった色の判断がつく。それも原色に近いはっきりとした色である。その後、「青」と「紫」の判別など、似通った色の判別がつくようになり、生後3～4か月で大人にかなり近い判断ができるようになる。

また、色彩感覚は生まれながらに持っているものと考えられてきたが、現在では乳幼児期の視覚体験によって獲得されるという考えが一般的である。乳幼児期には、たくさんの色を見せてあげるのがよいのである。

ウエスタン・リザーブ大学のファンツの研究によると、2～3か月児に色が塗られた円を見せたところ、「白」よりも「黄色」、「黄色」よりも「赤」に注目した。さらに印刷物や標的のような模様があるものにさらに興味を示したという。

つまり、赤ちゃんは無彩色よりは有彩色、無地よりは柄があるものを好んで見るのである。

ボクの好きな色ランキング
1位赤
2位黄
バブバブ

数字に色が見える人もいる!?

［問題］
数字の「2」を瞬時に見つけることができるだろうか？

ここで問題。上のイラストを見てほしい。数字の「5」がたくさんあるが、この中に数字の「2」が隠れている。

あなたは瞬時に「2」を見つけることができただろうか?

私たちの中には「共感覚」といって、視覚、聴覚、嗅覚などの異なる感覚が相互に影響を与える感覚を持つ人がいる。

保有者の割合が高く、研究をされている

ものの中に、文字や数字を見ると色が見える人がいる。

　普通の人は似た形の数字や文字を見ると、全て同じように見えてしまうが、文字や数字から色を見ることができる共感覚を持つ人は、形ではなく色として見ることができるので、異なる数字を見つけるのが容易なのだ。

　このような共感覚を持つ人は数百人から数千人に１人と言われている。

　また、音を聞くと色が見えるという共感覚を持つ人もいる。これを色聴といい、日本でも複数の研究者が音階と色の関係や音楽と色の関係を研究している。たとえば、「ド」は赤、「レ」はすみれ色、「ミ」は黄色といった具合に、音階を聞くと色が見えるという感覚である。ただし、個人差があり、音階と色が完全に一致しているわけではないらしい。

　１５０ページの「黄色い声」というのも、実は色聴所有者が見た高い音ではないかという説もある。

ユニバーサルデザインって、何？

「ユニバーサルデザイン」という考え方がある。年齢や性別、身体的な能力差などの違いにかかわらず、使いやすく利用することができる製品、空間、サインなどのデザインをいう。

　バリアフリーが高齢者や障害者に対して障害（バリア）を除去することを念頭に置いているのに対し、ユニバーサルデザインは、高齢者・障害者だけでなく、外国人や子どもなどすべての人に配慮したデザインである。「だれでも使える（わかる）デザイン」という考え方は、バリアフリーの概念を拡張した形ともいわれる。

「東京メトロでは、路線を色とアルファベットで表記。色が見えにくくてもアルファベットで判別できる」

身近な例として、ユニバーサルデザインが導入されているものに、公共の交通機関がある。地下鉄の多くは、色分けだけでなく駅ナンバリングやサインシステムを導入し、「だれでもわかるデザイン」を実践している。

特にサインはカラーが重要である。日本人の中には「緑」に反応する錐体に障害があり、「緑」が見えにくい人がいる。その数は日本人男性の20人に1人、女性の300人に1人といわれている。

錐体に障害のある人たちは「緑とオレンジ」や「赤と茶色」の区別がつきにくい。そこで、「緑」や「赤」を使う場合は、2つの色が同化しないように、色と色の間に「白」を入れるなどの工夫が求められているのである。

緑の錐体に異常がある人は
緑と赤の区別がつきにくい。
色を使うときには配慮が求められる。

高齢者と色彩の関係

色は豊かな生活をもたらすが、高齢者の中には彩りの少ない環境で生活をしている人たちが多い。高齢者は色数の少ない渋い服やデザインを好む傾向があり、周囲の人も落ち着いた色彩のものを贈りがちである。

高齢者には「ピンク」がよいとされている。「ピンク」は別名、「若返りの色」と呼ばれ、内分泌系を活性化する効果がある。

高齢者が着るとよいのである（ただし、白内障の人は「ピンク」の服が「白」に見えることがある。

高齢者施設ではスタッフがピンクの服を着ているが、それが白い服に感じられ、白衣高血圧症を作

ピンクは身につけたり、
見ることで若返ると
言われている。

り出す例もあるというので使い方には注意したい）。

加齢による色彩認知力の変化は注意する必要があり、「青×紫」「緑×青」「茶×紫」「白×ピンク」などの配色は見えにくくなる。そこで、明度差のある「白×青」「クリーム×茶色」「白×赤」などを使いたい。

食事をする場所も無機質な食堂ではなく、「食べることが楽しい」と感じられる環境が大事である。高齢者にとって食事はとても大事な楽しみのひとつ。そこで、明るい「キャロットオレンジ」や「ピーチピンク」などをアクセントに使うのがお勧めである。

蛍光灯も昼光色や昼白色よりは、温白色、白熱電球がよいだろう。お茶碗も「白」よりも「黒」や「茶」にすると、白いごはんが引き立ち、認知症の高齢者の注意を食事に向けられる。

食事をする場所もキャロットオレンジやピーチピンクなどをうまく使うとよい。

女性は色に敏感である？

女性には色に反応しやすい色型人間が多いが、男性と比較して色彩感覚が豊かな人が多い。それはファッションや化粧など、男性より色に接する機会が多いからだと考えられる。

中でも女性は特定の色に敏感なことがわかっている。それが赤系の色である。実際に色の認知に関するある試験でも、女性は赤系に対する正解率が他の色よりも高かった。女性は赤系の色に敏感なのである。

では、どうして女性は赤系の色に敏感なのか？

それにはふたつの説がある。

ひとつは、その感覚を先天的に持って生まれてきたという説。人類が霊長

女性は赤系に
敏感に反応する。

類から進化する過程で、男性は狩猟、女性は果実などを採集する生活に適応し、果実が熟していることを示す「赤み」に敏感になったというのである。そのため、女性は「赤」や「ピンク」などに反応するという。

もうひとつは、後天的に得たという説である。女性は小さい頃から「赤」や「ピンク」のものを与えられる。常に身近にある色なので、その色を見極める能力が発達し、敏感になったという説である。これは脳科学的にも認められているのだ。

実はもうひとつ、仮説ではあるが、女性の中には「赤」の錐体を2種類持つ「4色型色覚」を持つ人がいるかもしれないという説もある。微妙な赤を判別できる視神経が備わっている女性が生まれうるというのである。

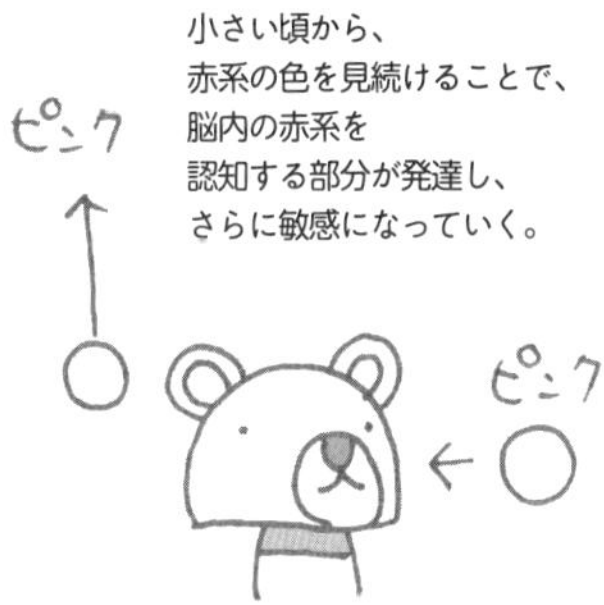
小さい頃から、
赤系の色を見続けることで、
脳内の赤系を
認知する部分が発達し、
さらに敏感になっていく。
ピンク
ピンク

夢はカラーか白黒か？

夢はカラーだが、多くの人は
色を認識しないので、
色を忘れて白黒だと思っている。

「夢はカラーか白黒か」という議論がよく起きる。あなたが見る夢はどっちだろうか？

白黒の夢を見る人は○○で、カラーの夢を見る人は△△という話を聞くが、最近の研究では、だれでもカラーの夢を見ているということがわかってきている。

白黒の夢を見るのは、白黒に感じられているだけであり、カラーに関係ある仕事についている人の多くはカラーで夢を見ていると自覚することが多い。大脳生理学の見地から言うと、夢をカラーで見る人（自覚できる人）ほど、色を記憶する領域が広く、夢に色があると自覚しやすいとのことである。

普段の生活でも「今、自分はカラーの世界にいる」と自覚している人はほとんどいない。色に興味がない人は、夢の中で色のついた景色や物を見てもほとんど意識することがなく、すぐに忘れてしまう。その結果、夢は白黒になってしまうようだ。

私たちは、目から入った光の情報である色を錐体で電気信号に変え、脳の中で合成している。つまり、色は脳の中で作られていると言える。私たちが「黄色」と呼んでいる色は、もしかしたら他の人が見ている色とは、違う色なのかもしれないのだ。

白黒の夢しか見ない人は、日常の色に敏感に接するとよいだろう。いつか、カラーの夢が現れるはずだ。

色は脳で作るもの。もしかしたら、
見ている色は人と違うかもしれない。

色は人を長寿にする薬？

色彩心理の研究家たちの間で囁《ささや》かれている定説に「色を扱うと長生きできる」というものがある。画家など色を扱う人間はなぜか長生きをするのだ。

たとえば、ピカソが91歳、ミロ、シャガールは97歳、ダリは84歳、モネは86歳、ムンクは80歳。平均寿命が50歳の江戸時代に歌川国芳が63歳、葛飾北斎は88歳まで生きている。

一方、芥川龍之介は35歳、太宰治は38歳と有名作家の多くは自殺を含めて短命が多い。

画家の生い立ちを見ると、決して恵まれた環境ではなく、貧困で苦しんだ人が多いにもかかわらず、長生きをしている。

最近の研究では、「色は人を長寿にする薬になるかもしれない」と言われている。科学的な背景はまだまだ乏しいが、色彩に囲まれて、創作活動を続けていると、脳が活性化し続け、老化現象の抑制に一定の効果がありそうである。「画家は長生き、作家は短命」というのはイメージの話だと思われるかもしれないが、ひとつの可能性を持っているのだ。

実際問題として、女性のほうが男性よりも平均寿命が長いのは、女性が男性よりも色に対して敏感で、色に囲まれた生活を送っているからかもしれない。

色はとても優れた力を持っているかもしれないのである。

「ナニ！画家は長寿」

「これでボクも長生きだ」

おわりに

私たちが普段気にしていない色にも意味があり、知らず知らずのうちに色の特殊な効果によって、心を動かされてしまうことがある。

色によって食欲が促進され、重さの感じ方も違ってくる。時間感覚をも狂わされてしまう。

また、色が決められた背景にはおもしろいエピソードが存在し、私たちを魅了する。企業の戦略だったり、偶然の産物だったり、奇妙な伝統がある。

そんなおもしろい色彩心理と色の世界を本書では少しだけ紹介することができただろうか？

「色彩心理」というとちょっと難しいように聞こえるかもしれ

ないが、入り口はそんなに難しいものではない。身近にあって楽しいものだと理解していただけたら、とてもありがたい。雑学という形で色のおもしろい効果や色の由来を知るところから色に興味を持ってもらえればよい。

ただし、すべての色に意味があるわけではない。意味がある色とない色が混じり合っているのも、色のおもしろさのひとつである。どの色に意味があって、どの色に意味がないかを調べるのもおもしろいだろう。

また、色の心理効果も強くでるものと弱いものがある。個人差もあるものだが、うまく使えば生活を楽しく快適に、そして豊かにしてくれる。

さて、ニジンスキー博士の助手であるイロクマのピロシキも様々な色に出

会って、色に対する考え方が変わったようだ。彼の住まいである北極と比べて、日本には様々な色彩がある。美しい旬の色が織りなす四季がある。日本は色彩の国といってもよい。日本で暮らすことは色彩の中にいることである。

さて、そのなかでピロシキがどんな色を選んだのだろうか？何色になることを決めたのだろう？

でも、それはまた、別の話…

ポーポー・ポロダクション

○参考文献

★印は本文と関係のあることが書かれており、読むと参考になる書籍である。

色彩心理
★『色の秘密』(野村順一/ネスコ、文藝春秋)
『マンガでわかる色のおもしろ心理学』(ポーポー・ポロダクション/ソフトバンククリエイティブ)
『マンガでわかる色のおもしろ心理学2』(ポーポー・ポロダクション/ソフトバンククリエイティブ)
『色彩効用論(ガイアの色)』(野村順一/住宅新報社)
『役だつ色彩』ルイス・チェスキン、大智浩訳(1954年/白揚社)
『認知心理学　知のアーキテクチャを探る』(道又爾ほか/有斐閣)

色彩関連
★『デザインを科学する』(ポーポー・ポロダクション/ソフトバンククリエイティブ)
『「色の文化誌」』(風見明/工業調査会)

『色彩の魔力』(伊藤誠宏、浜本隆志 編著/明石書店)
『青の美術史』(小林康夫/平凡社)
『ヨーロッパの色彩』
(ミシェル・パストゥロー、石井直志 野崎三郎 訳/パピルス)
『色名事典』/(清野恒介、島森巧/新紀元社)
『新版 日本の傳統色 その色名と色調』(長崎盛輝/青幻社)
『奇妙な名前の色たち』(福田邦夫/青娥書房)
『色々な色』(ネイチャー・プロ編集室/光琳社出版)
『色彩博物館』(城一夫/明現社)
『色彩の世界地図』(21世紀研究会 編/文藝春秋)
『「色型人間」の研究』(千々岩英彰/福村出版)
『図解 世界の色彩感情事典』(千々岩英彰 編著/河出書房新社)

その他

『保育講座 児童心理学4』(山口雅史/日本学芸協会)
『児童心理学 保育試験ガイドブック4』(日本学芸協会)
『SANTA CLAUS サンタクロースとその仲間たち』

（フェリシモクリスマス文化研究所 編著／フェリシモ）

『ピアノはなぜ黒いのか』（斎藤信哉／幻冬舎）

『人はなぜ恋に落ちるのか？ 恋と愛情と性欲の脳科学』

（ヘレン・フィッシャー、大野晶子 訳／ヴィレッジブックス）

『脳のなかの幽霊、ふたたび 見えてきた心のしくみ』

（V・S・ラマチャンドラン、山下篤子 訳／角川書店）

論文／解説

「旧約聖書に於ける色彩の研究」／星野 三雄（1960年）

「白衣高血圧の要因と扱い方」／甲谷、苅尾（2006年）

「青の食欲抑制効果／ピンクの幸福感」

資料、データ提供：有限会社FTF http://www.blue-diet.com/

本作品は当文庫のための書き下ろしです。

ポーポー・ポロダクション
／原田玲仁（はらだ・れいじ）
真面目なものが苦手で、遊び心を込めたデザイン、イラストや書籍を作ることが生き甲斐の企画人。中でも色彩心理、心理学を活用した様々な制作物を得意としている。
著書には『マンガでわかる色のおもしろ心理学』『デザインを科学する』（ソフトバンク クリエイティブ）、『使うための心理学』『自分を磨くための心理学』（ＰＨＰ研究所）などがある。

ポーポー・オンライン
http://www.paw-p.com

だいわ文庫

「色彩《しきさい》と心理《しんり》」のおもしろ雑学《ざつがく》

著者　ポーポー・ポロダクション

二〇一〇年七月一五日第一刷発行
二〇一六年二月五日第六刷発行
発行者　佐藤 靖
発行所　大和《だいわ》書房
東京都文京区関口一－三三－四 〒一一二－〇〇一四
電話 〇三－三二〇三－四五一一
装幀者　鈴木成一デザイン室
本文デザイン　菊地達也事務所
本文印刷　歩プロセス
カバー印刷　山一印刷
製本　ナショナル製本
ISBN978-4-479-30293-3
乱丁本・落丁本はお取り替えいたします。
http://www.daiwashobo.co.jp